ニュースの“なぜ？”は
世界史に学べ２

日本人が知らない１０１の疑問

茂木誠

JN231137

SB新書
405

はじめに

2017年7月、北朝鮮は、国際世論の反対を無視して、大陸間弾道ミサイル（ICBM）発射実験を強行しました。ICBMの飛行時間は約45分で、北海道沖の日本海に落下。北朝鮮の当局者は、実験に成功したと発表し、米本土全域が射程圏内に入ったと主張しました。

軍事的な挑発を続ける北朝鮮に対し、関係国はなすすべがありません。アメリカが、中国に経済制裁などの影響力を行使するよう、強く促したといわれていますが、中国は「北朝鮮問題の平和的解決を望む」ときれいごとをいうばかりで、動こうとしません。

ここで疑問が湧きます。

「中国と北朝鮮は仲がよいのだろうか？」

現実は、そう単純ではありません。

両国は友好関係にあるように見えますが、実のところ、中国は、北朝鮮を「敵視」していいます。経済支援をしてきたのは、北朝鮮の政権が崩壊し、朝鮮民族が統一されたら困るからです。

現在は国が割れていますが、朝鮮民族は「朝鮮統一の夢」を抱いています。南北朝鮮だけではありません。中朝国境に接する延辺《えんぺん》朝鮮族自治区も加えたものです。

これが実現すると、中国国内の他の北方アジア系少数民族が黙っていません。「朝鮮人が自分の国をつくったのなら、オレたちも」と満州や内モンゴルでも声が上がる。するとどうなるか。中華人民共和国は崩壊します。

朝鮮統一は中国にとって「時限爆弾」、今のように分断されたままのほうが、都合がいいのです。

もし核保有国の中国が守ってくれるなら、北朝鮮は核開発を急ぐ必要はありませんよね。北朝鮮から見ても、中国は信頼できない存在なのです（詳細は221ページにて）。

このような視点は、中国という国の成り立ちと、東アジア諸国の関係性を大局的に眺めなければ見えてきません。

つまり、ＴＶや新聞など大メディアが垂れ流す、表面的なニュースを追うだけでは決してわからない、ということです。日本人は今こそ、世界史に学ぶ必要があります。

本書は、10万部を超えた第一弾の好評を受け、出版に至りました。前作同様、読者が疑問に思うであろう国際ニュースの数々に、世界史とからめた視点で答えています。もちろん本書一冊でわかるよう書いていますが、第一弾も併せて読むことで、より理解を深めることができるでしょう。

前作から1年半、世界はさらに混迷の度を深めています。

まさかのトランプ政権発足、イギリスのＥＵ離脱、ＩＳの崩壊、米中対立……激変する世界のニュースも、根っこをたどればすべて同じ。それは、グローバリズムvsナショナリズムのぶつかり合い――。

「歴史」という高みから、先行きの見えないニュースを、総ざらいしていきましょう。

第2章 イギリスのEU離脱と、ヨーロッパの暗い未来

第3章 朝鮮半島クライシスと中国、そして日本

第1章

閉じこもる斜陽の超大国、アメリカ

Q1 なぜ共和党は「小さな政府」を選ぶのか？

2017年1月、オバマの後任となる第45代アメリカ合衆国大統領に、不動産王で政治経験ゼロのドナルド・トランプが就任しました。ジョージ・W・ブッシュ以来8年ぶりの共和党の大統領です。メディアや専門家の予想を覆して民主党のヒラリー・クリントンを破ったことは、驚きをもって受け止められました。

アメリカは、人、モノ、資本の移動の自由を求めるグローバリズムの旗振り役。そんなイメージをもっている人は少なくありません。しかし、トランプ政権の誕生によって、まったく逆の方向に舵を切り始めています。**「アメリカ・ファースト」**、つまり、グローバリズムを捨てて、「保護主義」に走りはじめたのです。

このようなアメリカを見て、違和感を覚える人もいるかもしれません。

しかし歴史的に見れば、この現象は決してめずらしいことではないのです。

本章では、トランプ就任から1年、今後、アメリカと世界がどう変わっていくかを世界史から読み解きます。まずは、トランプがどうして大統領になれたのか、誰がトランプを支持したのかをおさらいしましょう。そのためには、アメリカの「移民」の歴史をひもとく必要があります。

アメリカ人は、大きく2種類に分けられます。新大陸の大地を切り拓き、アメリカ合衆国という国をつくってきた本来のアメリカ人と、19世紀以降に大陸に入ってきたアメリカ人です。後者は、いわゆる「移民」です。

このようにいうと、「アメリカを建国した人たちも含めて、みんな移民だろう」という声が聞こえてきそうですが、ここでは便宜上、アメリカ合衆国の建国前後にアメリカ大陸にやってきた人たちと、19世紀以降にアメリカに移住してきた人たちを分けて考えてみます。

そもそも1776年にアメリカ合衆国を建国したアメリカ人は、どこの国から来たのでしょうか。

そう、イギリスですね。イギリス系の白人が最初のアメリカ人ということになります。彼らの言語は、もちろん英語で、宗教はキリスト教のプロテスタント。民族的にはアングロサクソンです。そんなアメリカを建国したイギリス系白人を**「WASP《ワスプ》」**といいます。「W」がホワイト（白人）、「AS」がアングロサクソン（イギリス系）、「P」がプロテスタントを意味します。

アメリカ大陸の東海岸にやってきたイギリス人は、新しい土地を求めて西へと向かいます。いわゆる**「西部開拓」**です。「インディアン」と呼ばれた先住民から土地を奪い、その勢力を拡大していきます。

一方で、本国のイギリスは、そんな移民たちにどう対応したのでしょうか。

あまりにも遠いものだから放っておいたのです。西部開拓を進めていった移民たちは、過酷な自然や先住民との戦いを通じて「自分の身は自分で守る」という自主独立の精神を育んでいきました。これを「フロンティア・スピリット」といいます。

そうした自主独立の精神がベースにあるイギリスの開拓者たちは、その後、イギリスからの独立戦争を経て、アメリカ合衆国を建てました。

しかし開拓民たちは、アメリカ政府にも従いませんでした。「自分の身は自分で守る。だから、余計なことをするな」と。国防や安全保障は政府に任せるけれど、それ以外のことは勝手にやらせてほしい、というわけです。彼らは「福祉などはいらない。その代わり税金をまけろ。自分の身は自分で守るから武器をもたせろ」と主張しました。アメリカが銃社会になったのは、こうした歴史的背景が関係しているのです。

このように「自分の身は自分で守る」という自主独立に富んだアメリカ人を、アメリカの大地に根をおろしているという意味で、**「グラスルーツ（草の根）保守」**ともいいます。

アメリカの政治は共和党と民主党の二大政党制ですが、そのうち共和党の支持母体となっているのが、「草の根保守」（ＷＡＳＰ）なのです。

こうしてアメリカ合衆国を建国し、西部開拓に励んだ人たちは、新天地で成功を遂げます。たまたまやってきた新大陸は、あれだけ土地が広大で、しかも資源が豊富だった。一文無しでイギリスからアメリカにやってきても、西部開拓で成功すれば自分が地主になることができた。まさに、「アメリカンドリーム」をつかんだのです。

Q2 なぜ東海岸にはユダヤ系移民が多いのか？

アメリカ開拓民の成功を聞きつけたヨーロッパの貧困層は、「それなら、俺たちも！」と、アメリカンドリームを求めて、続々とアメリカ大陸にやってきました。

最初は同じイギリス人の貧困層がアメリカに渡り、ドイツ人や北欧の人たちが続きました。

ドイツ人や北欧の人は、見た目がイギリス人に似ています。背が高くて金髪で、イギリス人と同じ、いわゆるゲルマン系の民族です。話している言葉もあまり違いはありません。オランダ語やドイツ語、デンマーク語などは英語の方言のようなもので、すぐに英語をマスターできます。だから、ドイツや北欧からやってきた人たちは、違和感なく、アメリカに溶け込んでいきます。

しかし、同じヨーロッパでも、南ヨーロッパや東ヨーロッパの人は、民族や宗派が異なります。

まず、19世紀の後半にアメリカに渡ってきたのはイタリア人。イタリアという国は明治維新の頃に統一されたのですが、北と南で大きな経済格差があって、北が豊かで南が貧しい。南の貧しい農民たちが「アメリカに行けば金持ちになれる!」とばかりに大挙して押し寄せたのです。

ところが、イタリア人は英語がまったくできません。イタリア語と英語は言語が違いすぎるからです。イタリア語はもともとラテン語ですから、発音も英語と異なります。たとえ英語をマスターしても、どうしてもなまりが残り、独特の英語になってしまいます。「R」を強く発音したり、「th《ス》」の発音が「チ」になるので、「thing（スィング）」が「ティング」になってしまうのです。イギリス人との違いは言語だけではありません。見た目に関しても、イタリア人は小柄で髪が黒い。しかも、宗教はプロテスタントと敵対するカトリックです。

イタリア人の次にやってきたのが、ユダヤ人です。

19世紀の終わり頃は、まだイスラエルの建国前で、ユダヤ人の多くはロシアに住んでいました。ロシアでは、たびたびすさまじいユダヤ人の迫害が行われました。この集団的迫害行為を**「ポグロム」**といいます。虐殺をはじめ、略奪、破壊、差別など、のちのナチスと同じような迫害を行っていました。そのため、ユダヤ人は虐殺を逃れて、遠くアメリカまでやってきたのです。

イタリア人にしても、ユダヤ人にしても、ヨーロッパからアメリカ大陸に来るには、大西洋を船で渡ってくるので、アメリカの東海岸に多くの「移民」が住むようになります。

Q3 なぜ西海岸にはアジア系の移民が多いのか？

アメリカンドリームを夢見てアメリカにやってきたのは、ヨーロッパ人だけではありません。アジア人も、次々とやってきます。

最初に太平洋を渡ってきたのは、中国人です。1840年に勃発したアヘン戦争で、清朝はイギリスに負けて経済が混乱、大量の経済難民が生まれました。その難民が太平洋を渡って、アメリカにやってきたのです。

次にアメリカにやってきたアジア人が、日本人です。19世紀、明治時代の日本は開国したばかりで、まだ国が貧しく、地方の農民は困窮していました。そんな中、とくに東北地方、長野、沖縄の人たちが土地を求めて、ハワイやカリフォルニアに渡っていきました。

この結果、アメリカ西海岸のカリフォルニアには、中国系と日系が多く住む結果となりました。

そこですでに生活をしていたアメリカ人は、いい顔をしません。アメリカ人からすれば、イタリア人やユダヤ人以上に、アジア人は見た目や言語がまったく異なりますから、「なんだ、こいつらは」とよそ者扱いするのは自然な反応です。

しかも、アジア人は総じてよくはたらきます。

「俺たちの仕事を奪うとはけしからん！」――とりわけ労働者層のアメリカ人の反発を買う結果となり、アジア系移民の排斥運動が起こることになったのです。

Q4 なぜ民主党はリベラルなのか？

こうして、最初にイギリスから大陸に移住して成功を遂げていた「アメリカ人」は、あとから海を渡ってきた南ヨーロッパ、東ヨーロッパの移民たち、あるいはアジアからやってきた移民たちと対立関係となりました。

アメリカは、共和党・民主党の二大政党制です。南北戦争までは、北部を基盤とする共和党と、南部を基盤とする民主党の対立でした。ところが南北戦争で北部が圧勝すると、南部や中西部の「草の根保守」層にも共和党が浸透していきます。

すると、万年野党に転落した民主党が、党勢回復のため、新しく入ってきた移民労働者を支持母体にしていったのです。

アメリカの東海岸には、ユダヤ系、イタリア系が根を下ろし、そのほかにも、イタリア系と同じカトリックであるアイルランド系も東海岸に定着します。アメリカの西海岸は、中国系や日系の移民たちが移住してきました。

要するに、アメリカの両サイドが民主党の支持基盤となっていたのです。

そして、古くからアメリカに住んでいたＷＡＳＰの白人たちは、国の中央、おもに中西部と南部に根を下ろし、共和党の支持基盤となりました。

ちなみに、黒人は民主党の支持基盤です。黒人は奴隷としてアフリカから連れて来られ、長らく参政権がなかったのですが、１９６０年代にキング牧師が指導した公民権運動の結果、黒人の参政権が認められました。黒人は、自分たちを奴隷扱いしてきた白人への反発から、民主党に票を入れることになります。

Q5 なぜ大統領選では、オハイオ・フロリダ州の結果に注目するのか？

アメリカの大統領選挙に関する報道を見ていると、アメリカの地図が赤と青の2つに色分けされていたことに気づいたと思います。

共和党のシンボルカラーは、赤色（レッド）です。

共和党が強い州は「レッド・ステイト」と呼ばれています。先ほども述べたように、

▲共和党と民主党の支持基盤

中西部と南部の州のほとんどは共和党の支持者が多いのです。

一方、民主党のシンボルカラーは青色(ブルー)。

民主党が強い州は「ブルー・ステイト」です。東海岸と西海岸の両サイドは、民主党の支持者が多く住んでいます。

2016年の大統領選挙でも民主党のヒラリー・クリントンに票を投じたのは、「ブルー・ステイト」に住む人たちです。一方、共和党のトランプに票を投じたのは、「レッド・ステイト」に住む人たちです。これは固定票です。

しかし、レッド・ステイトとブルー・ステイトの狭間に位置する州がいくつかあり、それらは、どっちつかずのポジションです。これらの州は、選挙のたびに共和党支持か、民主党支持かで揺れ動くため、**「スイング・ステイト」**と呼ばれています。

オハイオ州やフロリダ州などは典型的なスイング・ステイトで、これらの大票田を押さえたほうが圧倒的に有利になります。スイング・ステイトが選挙の結果を左右するため、毎回、両陣営が激しく票を奪い合うことになるのです。2016年の選挙では、スイング・ステイトの多くを押さえたトランプ陣営が勝利しました。

Q6 トランプを支持したのは誰か?

では、スイング・ステイトは、なぜトランプ支持に傾いたのか。

それは、オバマ大統領、8年間の民主党政権に失望したからにほかなりません。自分たちのために何もしてくれない民主党よりも、何かを変えてくれそうなトランプのほうがましだ、という判断を下したのです。

とくに、民主党政権に不満を抱えていたのが**「ラストベルト」**です。ラストベルトとは、「さびついた工業地帯」の意味で、かつて製造業で栄えながら、国際競争にさらされて衰退したエリアを指します。具体的には、ミシガン、オハイオ、ペンシルベニア、ウィスコンシンなどの州が該当します。

地理的にいえば、アメリカ南部は気候が暖かいため農業中心、気候が農業に適さないアメリカ北部は工業中心でした。１９５０年代までアメリカ経済を牽引してきたのが自動車産業を中心とする製造業で、まさに北部がアメリカの繁栄の中心でしたが、１９６０年代に入ると、日本やドイツの工業製品に敗北し、近年では中国の安価な工業製品に抜かれる結果となってしまった。まさにアメリカ北部の工場が「さびついてしまった」というわけです。

ラストベルトの労働者は、「オバマ政権はわれわれ製造業のために何もしてくれなかった」という不満を抱えていました。しかも、オバマ政権が推し進めてきたＴＰＰ（環太平洋連携協定）は日本車の関税を撤廃し、アメリカの製造業にとって不利にはたらくため、ＴＰＰ離脱を公約していたトランプ支持に一気に流れたのです。

Q7 なぜマスコミはトランプ勝利を予測できなかったか？

大統領選でのトランプ勝利は、驚きをもって迎えられました。ほとんどの人は、「結局はヒラリーで決まりだろう」と思っていたからです。日本人だけではなく、当事者であるアメリカ人までも、「ヒラリーが当選する」と踏んでいたのです。

大手メディアも「ヒラリー優位」と散々報じ、ヒラリーが当選することを前提としているようでした。

にもかかわらず、ふたを開けてみれば、トランプの勝利。なぜ大手メディアは、世論を読み違えたのでしょうか。単純に読みが甘かったのでしょうか。

いや、大手メディアの「願望」が入ってしまったことが、いちばんの原因でしょう。冷静な情勢分析をすべきところに、「ヒラリーに勝ってほしい」という願望が入り込み、目が曇ってしまったのです。その理由は、アメリカの主要メディアのほとんどが、どこに拠点を置いているかを考えればわかります。そう、アメリカの東海岸ですね。とくにヒラリー推しだったのがニュース専門チャンネルの『CNN』（ジョージア州）と大手新聞社の『ニューヨーク・タイムズ』（ニューヨーク州）。これらのメディアのルーツを探っていけば、東海岸に行き着きますし、歴史的にはユダヤ系の影響力も入っています。そうすると、心情的には「民主党に勝たせたい」という方向に傾くのは納得できます。

Q8 トランプがメディアに強気になれるのはなぜか？

もちろん、大手メディアが選挙情勢を見誤った部分もあります。インターネットの力を軽視してしまったのです。

トランプはもともと、大手メディアが自分のほうに肩入れしないことはわかっていました。だから、自らの演説は大手メディアには流さずに、インターネットを通じて独自に配信しました。ツイッターやネットテレビも積極的に使い、どんどん情報を発信していきました。

すると、「大手メディアの報道は偏っていないか？　トランプはアメリカを変えてくれそうじゃないか」という人たちがあらわれ、大手メディアを見ずに、インターネットから自分たちがほしい情報ばかりを集めるようになります。

一方で、大手メディアから情報を得ている人たちは高齢者中心で、インターネットからは距離を置いています。その高齢者がみんな「ヒラリーのほうがいい」と民主党を推すから、ニュースを流しているメディアのほうも目が曇っていく。大手メディアは、自分たちの読者や視聴者ばかり見て、インターネットで情報収集しているアメリカ国民の意思をくみとることができなかったのです。

そもそも大手メディアが実施している世論調査も、あてにできません。

一般人からランダムに対象者を選び出して調査をしているのですが、いまだに固定電話にかけています。しかし、固定電話をもっていない人は今や大勢います。とくにネット世代の若者はスマートフォンが主要な連絡手段になっています。日本のメディアも同じ問題を抱えていますが、既成メディアは過去の遺物になりつつあるのです。

トランプは当選後も大手メディアの報道を**「フェイク・ニュース」**（うそニュース）と呼び、敵対関係を続けています。トランプが強気に出られるのは、既成のメディアよりもインターネットのほうが存在感を増しているから。「大統領の肉声を毎日ツイッターで読めるんだから、テレビニュースを見なくてもいいじゃないか」という人が増えているのです。

状況は日本も同じですから、安倍総理もトランプを見習って、もっとツイッターやＹｏｕＴｕｂｅで情報発信すれば、若者の支持者も増えるのではないでしょうか。

Q9 トランプとメディア、嘘つきなのはどちらか？

大統領選をきっかけに「フェイク・ニュース」という言葉をよく聞くようになりました。これも、インターネットの存在感が増していることと無関係ではありません。

選挙期間中、インターネット上には、事実とは異なる「嘘のニュース」が氾濫しました。都合の悪いニュースを流して、民主党、あるいは共和党の候補者にダメージを与えることが目的でした。しかも、ネット世代は、大手メディアの報道を見ずに、ネットだけで情報収集をしているので、都合のよい情報しか見ない。だから、フェイク・ニュースも「事実」として、ネット上に伝播していくことになります。

一方で、大手メディアが「フェイク・ニュース」を流していることもネットによって見破られてしまいました。

たとえば、トランプ大統領の就任式典のときに、『ニューヨーク・タイムズ』が２枚の写真を並べて、「オバマ大統領の就任式典のときはこんなに人が集まっていたのに、トランプ大統領のときはガラガラだった」と報じました。

ところが、インターネット上の検証によって、トランプのときのガラガラ写真は、式典が始まる前のものだったことがあきらかになりました。

また、イスラム世界7カ国からの入国制限の大統領令をトランプが出した結果、各地の空港で該当国の一般人が足止めされるなど混乱が生じましたが、このとき、大手メディアは、まるで未来永劫、アメリカに入国できないかのような報道をしました。

しかし、オバマ政権時代からイラクからの入国を制限していましたし、トランプは「紛争地帯やテロリストが潜伏している国からの入国をいったん止めて、審査を厳格化するまで入国させない」といっていたわけで、あくまでも「期限付き」の措置でした。未来永劫、入国を許さないとはひと言もいっていないのです。

当然トランプは「フェイク・ニュースだ」と批判していましたが、大手メディアがトランプ下ろしの意図をもってプロパガンダしている面も否定できません。

「トランプが『大手メディアは嘘つきだ』と攻撃するのは暴言、妄言だ」という人もいますが、そうともいい切れない側面があるということ。ネット上には嘘も多いですが、真実に光を当てる力もあるのです。

Q10 「アメリカ・ファースト」とは何か？

トランプは選挙中から徹底して**「アメリカ・ファースト（アメリカ第一主義）」**を訴えてきました。国際社会での影響力が低下しているアメリカは、国内の社会、経済の立て直しを最優先し、国際問題への関与を可能な限り控えるべきであるという考え方です。TPPから離脱し、自国の経済を守る「保護主義」も、まさにアメリカ・ファーストの現れのひとつです。

歴史的にいえば、「アメリカ・ファースト」を掲げる大統領は初めてではありません。19世紀前半、第5代大統領のモンローは、「孤立主義」の立場をとりました。これを**「モンロー主義」**ともいいます。「アメリカは勝手にやるので、ヨーロッパは口を出さないでくれ。ゴタゴタにも巻き込まないでほしい」と国同士の相互不干渉を貫きました。「俺の生活は自分で勝手にやるんで政府は邪魔するな」という「草の根」のアメリカ人の生き方を、国レベルに広げたようなイメージです。

したがって、19世紀を通じて、アメリカはヨーロッパの戦争に一切介入することなく、ひたすら西部開拓に専念していました。

モンロー主義が可能だったのは、アメリカの地理的ポジションが大きく関係しています。なにしろ、アメリカはヨーロッパから5000キロも離れているのです。アメリカという国は、地球全体から見れば「離れ小島」と表現することもできるのです。もしアメリカが、もう少しヨーロッパに近かったら、さまざまな紛争に巻き込まれていたはずです。

地理的に遠いからこそ、第一次大戦に巻き込まれずに済みました。第二次大戦でも、ドイツ軍や日本軍によってアメリカ本土が空爆されたことはありませんでした。遠すぎたからです。アメリカの地政学的ポジションは圧倒的な優位なのです。

Q11 アメリカの「保守」と「リベラル」の違いとは?

政治における思想的な立ち位置を示す言葉に、**「保守」**と**「リベラル」**があります。アメリカでいえば、最初にイギリスからやってきた白人、つまり開拓農民たちは、典型的な「保守」の立場です。共和党の支持層ですね。

一方、19世紀後半以降にアメリカに移民としてやってきたヨーロッパやアジアの貧しい人たちは、「リベラル」の立場です。彼らは、民主党の支持層と重なります。

彼らは「アメリカに行ったら豊かになれる」と希望をもって海を渡ってきた。でも結局、うまくはいきませんでした。というのも、西部の未開拓地は、もうほとんど残っていなかったからです。だから、結局、アメリカに渡ってきたけれども、低賃金で長時間労働を強いられることになりました。当然、生活も苦しい。

すると、彼らはこう主張し始めます。

「政府は私たちの面倒を見るべきだ」と。「保険や年金の制度を整備し、福祉を手厚くしてほしい。学校を建てて、医療費を下げてほしい……金持ちから税金を取って俺たちに分配すべきだ」と訴える。これがリベラルです。

当然、重税をかけられる結果となる白人たちは、「なんで、俺たちが移民の面倒を見なくてはならないんだ」と反発することになります。

つまり、リベラルは、重税だけれど高福祉を提供する**「大きな政府」**を志向します。反対に保守は、低福祉でいいから減税をしろという立場なので、**「小さな政府」**を志向します。国民の9割以上が公的医療保険に加入することを目指した「オバマケア」などは、まさにリベラルな政策でした。

Q12 なぜトランプ政権は公共事業に力を入れるのか？

トランプは景気対策に積極的です。景気回復を軌道に乗せるためにはある程度、時間がかかるので、即効性の高い公共事業に力を入れる方針を打ち出しました。これは景気対策の王道ともいえます。

1929年に起きた世界恐慌のとき、当時の大統領、民主党のF・ルーズベルトは、経済対策として大規模な公共投資を実施し、道路やダムをどんどん建設しました。雇用の創出と失業者の減少をめざしたもので、これを**「ニューディール政策」**といいます。これと同じことをトランプもしようとしているのです。

ここで疑問がわきますよね。

大規模な公共投資は「大きな政府」を必要としますから、これまでの共和党の政策とは大きく異なります。共和党政権は「小さな政府」なので、国民を放っておくのが基本スタンスだったはずです。なぜトランプは公共事業に積極的なのでしょうか。

実は、リーマンショック以後のアメリカの経済状況は放っておけないほどの状態なので、「大きな政府」的な政策を打たざるを得ないのです。そうはいっても、共和党の保守本流の考え方とは異なるので、どこまで公共事業を続けられるかは注目すべき点でしょう。

また、トランプは「国内の雇用をつくる」ことを公約に掲げています。その一環として、メキシコなど海外への工場移転を予定していた企業の方針に、自ら介入しました。就任してから間もなく、メキシコに工場をつくろうとしていたGM（ゼネラルモーターズ）に「高関税をかけるぞ」と脅し、計画を引っ込めさせたのです。海外で生産せずに、アメリカ国内で生産して、アメリカ人を雇いなさい、というわけです。

トランプが大統領に就任してから、株価が最高値をつけるなど景気はよくなっている雰囲気はありますが、国民全体には行き渡っていません。一部の人たちが儲かっているだけで、貧困層まで潤ってはいないのが現実。上位１％の富裕層が、全体の富の半分を所有するという超格差社会が、アメリカ経済の最大の問題なのです。

大統領選では、経済的弱者がトランプに投票したわけですから、下層の人々に恩恵が行き渡らなければ、何よりもトランプ人気が急落するでしょう。トランプに票を投じた

図1 所得の伸びにおける上位1％と10％の富裕層の割合（1975年～2007年・所得層別）

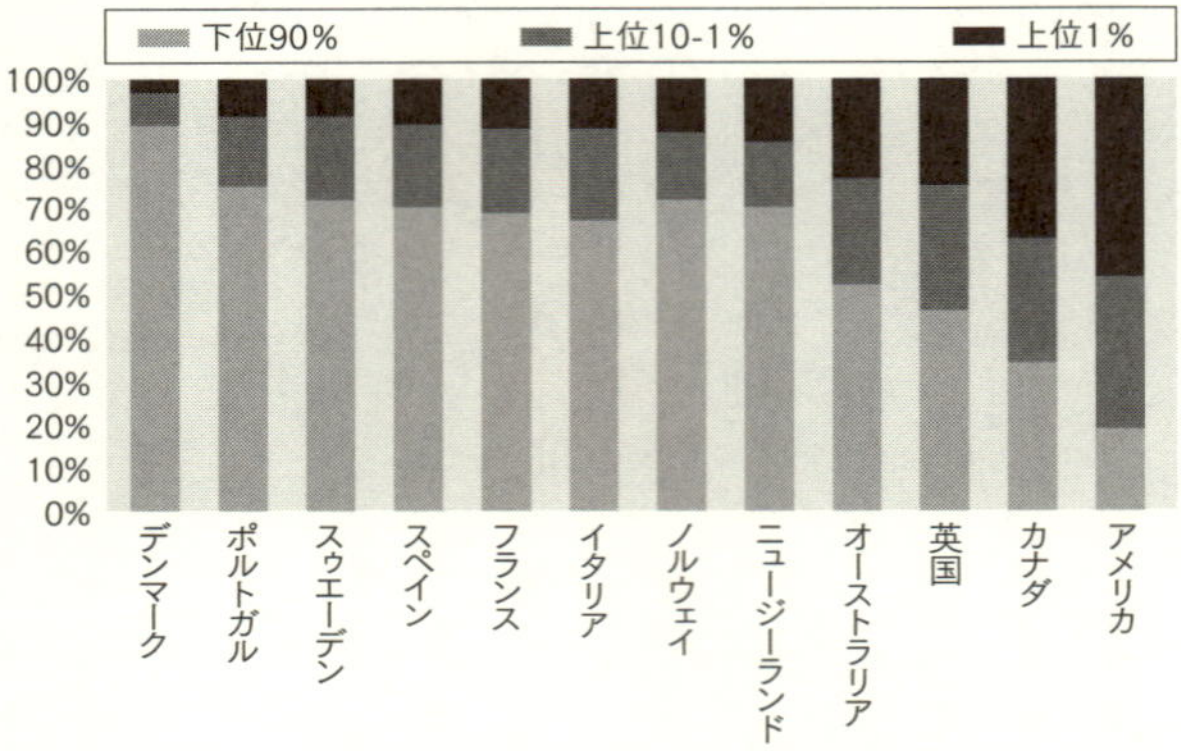

貧困層は「また裏切られた」という気分になりますから。

トランプの権力の基盤は、基本的に不満を抱えている貧困層。しばらく公共事業や雇用対策、さらには減税にも力を入れて取り組むと考えられます。

Q13 アメリカという国は、グローバリストか？ 一国主義か？

オバマ政権まで、グローバリズムを掲げてきたアメリカが、トランプ政権の誕生によって、保護主義に転じ、グローバリズムを標榜する各国と摩擦が起きています。しかし、アメリカ史を眺めると、保護主義は決してめずらしいことではありません。

草の根保守・共和党は小さな政府を支持し、リベラル・民主党は「大きな政府」を支持するという話をしましたが、政府のありかた以外に、両者にはもうひとつスタンスの違いがあります。

「国境線を守るかどうか」ということです。

草の根保守は、国境の壁は高いほうがいい。新たな移民は追い返せというスタンスです。対して、リベラルは国境の壁が高いと移民が入って来られないから、国境線をなくせ、あるいは低くしろと主張します。どんどん移民を受け入れるスタンスです。合法的に移民が入ってくるということは、自分たちの仲間が増えるわけですから、選挙でも有利にはたらきます。

人、モノ、カネの流れを自由にするグローバリズムを推進してきたのは、リベラルのほうです。国境をなくしたほうが、自由にビジネスができるからです。その代表格が「国際金融資本」と呼ばれる勢力です。

アメリカのグローバリズムを読み解くには、グローバリズムの旗振り役である**「国際金融資本」**とは何者か、ということを理解しておく必要があります。

国際金融資本とは、ニューヨークのウォール街を拠点とする銀行、証券会社などの金融機関とその関係者のことをいいます。国際金融資本＝ユダヤ人という見方がありますす。半分は当たっていますが、半分はハズレです。

たしかに、ウォール街にユダヤ系の人は多い。イスラエルができるまでは、ユダヤ人は長らく国をもたない民だったので、国境を越えて世界を渡り歩いていました。祖国をもたず流浪する彼らは、土地をもたず、農業はできない。そうすると、残された道はカネ貸ししかありません。貴金属を鞄に詰めてもち歩き、お金で困っている人に貸して利子を取る。そんな商売をずっとやってきたユダヤ人は、金融業で財を成したのです。彼らの子孫がアメリカへ渡り、今もウォール街で活躍しているというのは事実です。

ただし、金融で成功したのは、ユダヤ人に限りません。WASP出身の金融資本もいます。ロックフェラーやモルガン・スタンレーがそれです。

華僑も世界をまたにかけて金融で財を成した人たちです。

「華僑」というと、中国人一般をイメージする人もいるかもしれませんが、そうではありません。彼らは、ある意味、特殊な中国人です。

図2 共和党 vs 民主党

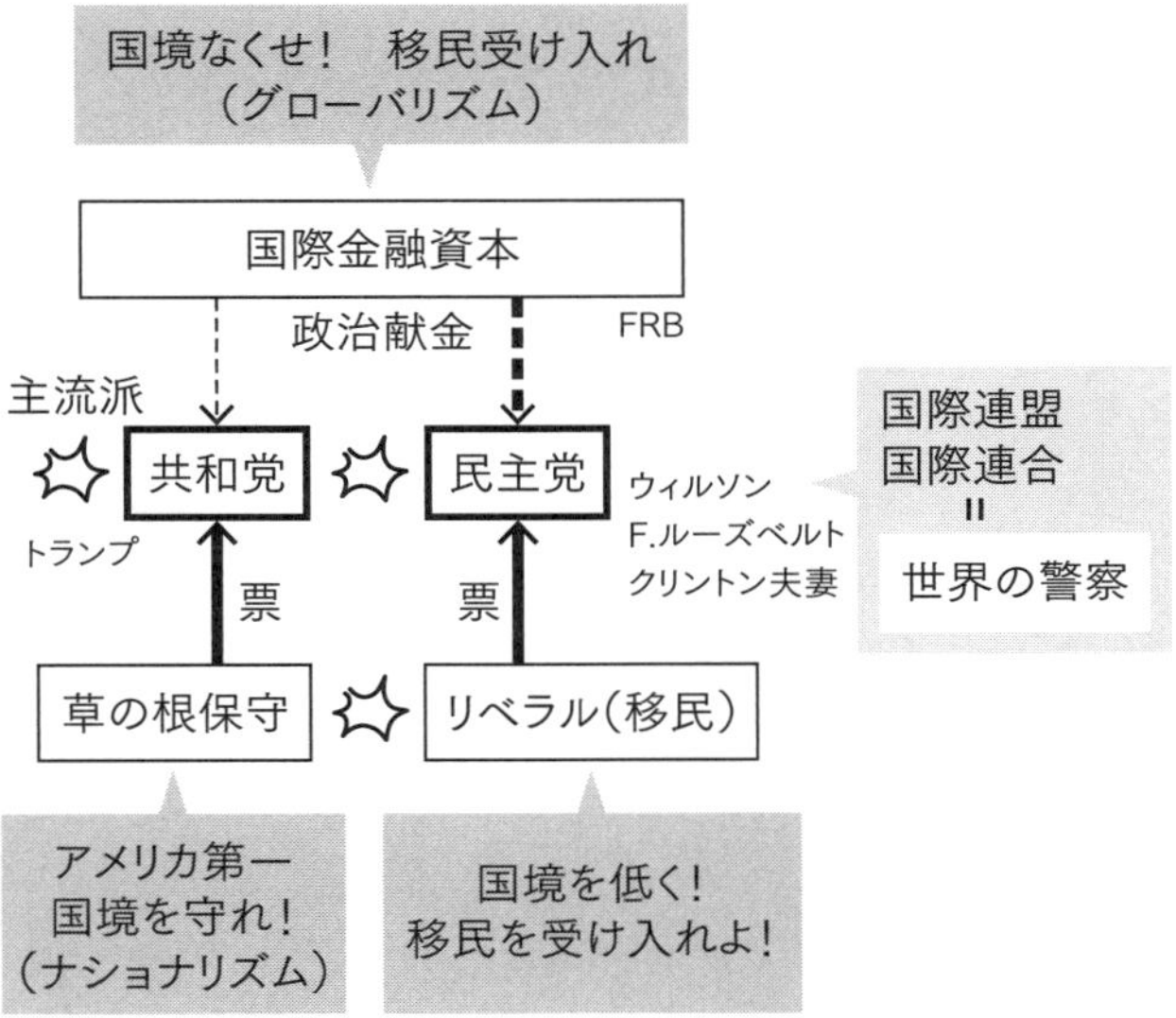
国境なくせ！　移民受け入れ
（グローバリズム）
国際金融資本
政治献金
FRB
主流派
共和党
民主党
ウィルソン
F.ルーズベルト
クリントン夫妻
国際連盟
国際連合
＝
世界の警察
トランプ
票
票
草の根保守
リベラル（移民）
アメリカ第一
国境を守れ！
（ナショナリズム）
国境を低く！
移民を受け入れよ！

華僑の主力は、もともと北中国から逃げてきた人たちです。中国北部で頻繁に戦乱が発生し、王朝交代のたびに虐殺が繰り返されました。そこから逃れてきた人々が南中国の福建省、広東省あたりに散らばりますが、現地で言葉が通じないから、彼らだけでコミュニティーをつくりました。フットワークが軽いので、どんどん海外にも出て行った。これが華僑です。

彼らは移住先で**「客家《はっか》」**と呼ばれました。「よそ者」という意味です。だから、客家はユダヤ人と同じ境遇です。迫害された結果、土地をもてず、金融に活路を見出さざるを得なかった。

客家は有名なリーダーを数多く輩出しています。中国革命の父である孫文も客家ですし、中国経済の発展の礎を築いた鄧小平も客家です。台湾の元総統・李登輝やシンガポールの初代首相のリー・クアンユーも客家出身です。土地をもたず、家柄に関係なく自分の才能だけでのしあがっていく。華僑（客家）には、そんなたくましいリーダーや実業家が多いのです。

そのほか、トルコで迫害されたアルメニア人も同じような境遇です。少数民族が生き残るために、金融業に走るというケースはよくあるのです。「金融資本＝ユダヤ人」というイメージがあるかもしれませんが、ユダヤ人が世界を支配している、みたいな話は妄想です。国際金融資本は、金融に活路を見出してきた民族が中心となって形成されてきたのです。

Q14 なぜアメリカメディアは民主党寄りなのか？

ユダヤ人がウォール街で絶大な力をもっているのも事実です。

先述したようにヨーロッパで迫害されたユダヤ人がアメリカに渡ってきました。多くは貧しいままでしたが、一部には金融の才覚にすぐれた人たちがいました。彼らがニューヨークに集まってつくったのが、金融センターのウォール街です。

２００８年に破綻したリーマン・ブラザーズもユダヤ系ですし、ウォール街でナンバーワンの地位を築いているゴールドマン・サックスもユダヤ系です。

金融資本は、基本的に「国境線はいらない」というスタンスです。グローバル規模で自由に商売をしたいから、グローバリズムを志向することになります。ということは、「国境をなくせ」と主張するリベラルと意見が合う。だから国際金融資本は、民主党を支持するようになったのです。

国際金融資本は豊富な資金を広告費に投じて、テレビ局や新聞社などの大手メディアを牛耳っています。だから、大手メディアは民主党寄りの報道になるのです。

ただし国際金融資本は賢いので、共和党政権にも手を回しています。共和党政権になって、自分たちが飯の食い上げになっては困るからです。共和党にも資金提供をしているということです。

だからこそ、トランプ政権になっても、ゴールドマン・サックス出身のムニューチンが財務長官として入閣するなど影響力を保持しているのでしょう。トランプ大統領も、あからさまに国際金融資本を敵に回すことはしないはずです。

Q15 なぜ、貧しい移民のための「民主党」がウォール街と協力するのか？

民主党は本来、貧しい移民のための政党でした。

ところが、20世紀に入るとウォール街との関係がズブズブに深くなっていく。もちろん、共和党もウォール街と良好な関係を維持していますが、民主党とウォール街の蜜月の関係に比べたらかわいいものです。それくらい、ウォール街と民主党は切っても切れない関係になっています。

では、こうした関係はいつから始まったのか。歴史をひもといていきましょう。時代は、１００年前のウィルソン政権までさかのぼります。

ウィルソン大統領時代の大きな出来事といえば、第一次大戦に参戦したことです。ウィルソンは、「アメリカ第一」のモンロー主義を放棄した。そして、「**国際連盟**をつくろう」とはたらきかけたことでも有名です。国境を越えて「世界政府」を本気でつくろうとした人物です。

これに対し、孤立主義（モンロー主義）の伝統に立つ共和党が猛烈に反対します。「ヨーロッパの戦争に介入するな。国際連盟なんかにアメリカが加盟したら、世界のごたごたに巻き込まれるだけだ」というわけです。

議会（上院）の多数派が共和党だったため、国際連盟への加入は否決されました。これが、いい出しっぺのアメリカが、国際連盟に加盟しなかった理由です。

ウィルソン大統領の次に民主党政権を率いたのが、フランクリン・ルーズベルト大統領です。ルーズベルトは、第二次大戦に参戦し、ヨーロッパと太平洋に大軍を派遣しました。そして戦後は、国際連合をつくりました。今の国連ですね。

こうしてみると、歴史的に民主党というのは、インターナショナルを目指すことがわかります。「アメリカは世界の警察でなければならない」といい出したのも民主党のウィルソンでした。

冷戦終結後、民主党のビル・クリントンが大統領になったとき、政権の財務長官に初めてゴールドマン・サックスの出身者が就任しました。ロバート・ルービンというゴールドマン・サックスで会長まで務めていた人物です。民主党政権を陰で支えてきたウォール街が、政権中枢にまで乗り込んできたのです。民主党も国際金融資本も「グローバリズム推進」という点で、利害が一致するからです。

Q16 「FRB」は誰の味方なのか?

日本の紙幣や貨幣を発行しているのは、日本銀行。では、アメリカのドルを発行している銀行は、どこでしょうか。

答えは、**FRB(連邦準備制度理事会)**です。

みなさんは、FRBは、日本銀行のように政府機関のイメージをもっているかもしれませんが、実態は民間銀行です。ウォール街の金融機関が出資しているので、国際金融資本とＦＲＢは一体であると考えるべきでしょう。

歴史的にも、ＦＲＢを認可したのは、民主党のウィルソン大統領でした。

つまり、１００年も前から、ずっと民主党はグローバリズムを推進してきたのです。現在のゴールドマン・サックスをはじめとする国際金融資本とのズブズブの関係も、その延長線上にあるというわけです。

実は、オバマも例外ではありません。

オバマは、富の格差に苦しむ若者や、移民労働者層の支持を集めて大統領になりましたが、結果的には、国際金融資本の勢力にからめとられていきました。そして、オバマが大統領だった8年間、アメリカは何も変わりませんでした。

トランプ政権は、金融資本に従属していないという意味では、本当の意味での政権交代を実現したといえます。

同じ共和党でも、ブッシュ大統領親子は国際金融資本寄りでした。もともとブッシュ家はテキサスの石油屋さんです。ウォール街には石油産業に投資してもらわないといけない。だから、ウォール街とはケンカできませんでした。

とくに、息子のジョージ・W・ブッシュは共和党政権としては特殊で、アフガニスタンやイラクに積極的に侵攻していきました。結果的にブッシュ親子は、国際金融資本の思惑通りに動き、イラクの油田は彼らの手に落ちたのです。

このように国際金融資本の影響力を考えると、その意のままにならないトランプが各方面から目の敵にされている理由がわかってきます。

Q17 ヒラリーが負けた意外な理由とは？

では、国際金融資本の強力なバックアップを受けながら、ヒラリー・クリントンがトランプに負けたのは、どこに原因があったのでしょうか。

彼女自身、ウォール街とズブズブの関係でしたから、大手メディアにチヤホヤされて調子に乗ってしまったところがあると思います。メディアがつくった「虚像」を自分も信じてしまった。

だから、「トランプなんてやつはほんとうに品のない、ダメな人間だ」と見下してしまったのでしょう。結局、トランプ支持に流れた人たちの気持ちをうまくくみ取れなかったのです。

しかも、本来の支持層であるリベラルの中にも、「俺たちはオバマに裏切られた。ヒラリーが当選したら、また4年間、同じことが続く。もう、うんざりだ」という人たちがあらわれました。

民主党の予備選でヒラリー・クリントンと最後まで争ったバーニー・サンダースが、予想以上の健闘を見せたのも、ヒラリーに対する拒否感のあらわれでしょう。簡単にいえば、サンダースは社会主義者です。バリバリの左翼ですが、弱者の味方という意味では、少しトランプと似ていた面があります。

トランプは選挙中にこういう意味のことをいっていました。

「社会主義とは相容れないウォール街の金融資本が、サンダースではなく、ヒラリーに投票しろと圧力をかけたから、民主党の予備選でヒラリーが勝ったんだ」

トランプは、実はサンダースにシンパシーを抱いていたのだと思います。

Q18 オバマケアはなぜ頓挫したのか?

トランプ大統領の誕生の背景には、民主党とオバマ大統領に裏切られたというアメリカ国民の感情があったことは無視できません。オバマ時代の8年間は、アメリカ人から評価されなかったのです。

日本人にとって、オバマはプラスのイメージが強かったかもしれません。演説はうまいですし、キューバやイランとの国交回復を実現し、アメリカの大統領として初めて広島訪問も果たしました。これらの点は評価できますが、それ以外は、何もしていないといっても過言ではありません。ノーベル平和賞を受賞しましたが、結局、核廃絶はまったく進みませんでした。

目玉の政策だった医療保険制度改革の「オバマケア」も、羊頭狗肉《ようとうくにく》といわざるを得ない代物《しろもの》になってしまいました。

アメリカでは自由診療を基本としているため、医療費が高額になる傾向があります。そこで、多くのアメリカ人は民間の医療保険に加入しているのですが、保険料の支払いが困難な貧困層は医療保険に未加入の状態にあり、満足な医療を受けられない人も少なくありません。虫歯や生活習慣病を放置して病状が悪化する人が増え、かえって医療費が膨らんでいる、ということが問題になっていました。

そこで、オバマは日本の社会保障制度のような国民皆保険をつくることにしました。ところが、民間の保険会社から猛反対に遭います。公的保険制度が実現したら、民間保険への加入者が減り、保険会社の仕事が奪われることになるからです。

結局、圧力に屈することになったオバマ政権は、公的保険制度をつくるのをあきらめ、保険料の支払いが困難な貧困層に補助金を支給して、民間医療保険に加入させることでお茶を濁しました。極端にいえば、「国がお金を出すから、民間の保険にみんなで入りましょう」という制度にすり替わってしまったのです。国民の税金を使って民間の保険会社を儲けさせるというのが、オバマケアの実態です。

しかも、そのオバマケアもトランプ政権によって改廃法案が出され、なかったことにされようとしています……。

オバマ政権は外交でも存在感を発揮できませんでした。

オバマは当時米軍が駐留していたイラクやアフガンから撤退することを選挙公約として掲げて当選を果たしました。つまり、「世界の警察をやめる」と宣言し、他国への軍事介入を一切しないことを外交の基本スタンスとしたのです。

その公約に縛られた結果、何が起こったか？

オバマ政権は、諸外国からなめられる結果となったのです。

2014年、ロシアがクリミアを併合したときも、アメリカは指をくわえて見ているだけでした。中国が南シナ海の人工島に軍事施設をつくったときも、アメリカは弱々しく抗議しただけでした。それから、中東へ関与することをやめた結果、ISが跋扈《ばっこ》する事態を招くことになりました。中東の混乱に、かえって火に油を注ぐ結果となったのです。

「強いアメリカを取り戻す」と吠えたトランプが勝利したのは、オバマ政権の弱腰外交への批判のあらわれでもあるのです。

Q19 なぜ世界の警察をやめるのに軍事費の増強をするのか？

民主党のウィルソンが大統領になってから、アメリカは「世界の警察」の役割を果たしてきましたが、オバマ大統領は中東をはじめ、世界の紛争から手を引き、弱腰の外交に終始しました。

トランプも「強いアメリカを取り戻す」といいつつも、一方で「孤立主義」をとろうとしています。このままアメリカは「世界の警察」をやめてしまうのでしょうか。

ウィルソン以降の、ルーズベルト、クリントンといった民主党政権は、グローバリズムに傾倒し、「世界の警察」としての地位を築いてきました。朝鮮戦争への介入も民主党のトルーマン大統領ですし、ベトナム戦争も民主党のジョンソン大統領の時代です。民主党政権というのは、オバマの影響もあって平和主義のように見えるかもしれませんが、歴史を振り返ると、実は戦争ばかりしてきたのです。

一方、共和党で大きな戦争をしたのは、ブッシュ父の湾岸戦争、ブッシュ息子のアフガン、イラク戦争くらいです。ということは、アメリカが常に「世界の警察」を貫いてきたわけではありません。政権交代が起きて共和党の大統領になれば、そのたびに揺り戻しが起きてきたのです。

そういう意味では、共和党のトランプが「世界の警察」の役割を放棄しても不思議ではありません。

ただし、トランプは孤立主義を表明する一方で、「ＩＳは潰《つぶ》す」と公言しています。なぜ、そのような発想になるかというと、「ＩＳをつくり出したのがオバマとヒラリーだから」という理由です。「やつらが何もしなかったから、けしからん連中が跋扈している。だから、私はＩＳを壊滅させる」というわけです。

しかし、実際には、ロシアなどの力を利用して関与するというのが実態で、アメリカ軍が積極的にＩＳと戦っているわけではありません。

トランプが軍事費を10％増強すると発表しましたが、外に出て戦争をしたいというよりも、「内需を拡大したい」というのが本音です。軍需産業は、下請け企業まで含めると、膨大な雇用を生み出すからです。したがって、「世界の警察をやめる」という伝統的な共和党のスタンスとも一致しています。北朝鮮に対しては強硬な態度を示しましたが、トランプは他国に攻撃をしかけるのではなく、守りに専念するのが、基本的な態度だと思います。

Q20 アメリカによるシリアへのミサイル攻撃、本当の狙いとは？

アメリカが「世界の警察をやめる」という方向は変わりません。

ただし、オバマ政権のときのように諸外国になめられるような態度をとらない、というのがトランプのスタンスです。就任早々、年間60兆円の軍事費を10％（6兆円）増額するとの方針を示しました。ちなみに、日本の防衛費は5兆円です。これほど軍事費を増強したのは、冷戦末期のロナルド・レーガン大統領以来です。

軍事力を強化し、ロシアや中国、北朝鮮が挑発してくることがあれば叩きのめすと脅しをかける。けれど、アメリカからは手は出さない。これがトランプの基本的な対外戦略だと考えられます。

ところが、２０１７年４月、「シリアのアサド政権が反政府武装勢力に対して化学兵器を使用した」と判断したアメリカは、シリアの空軍施設をミサイルで攻撃しました。しかも、たまたま訪米中だった習近平国家主席とデザートを食べている最中にシリア攻撃を伝え、習近平を絶句させました。シリア攻撃の狙いとは何だったのでしょうか。

北朝鮮が核ミサイル実験を繰り返してアメリカを挑発し、北朝鮮の支援国である中国がこれを黙認する中で行われた突然のシリア攻撃は、「調子にのるとシリアと同じ目に合わせるぞ」という金正恩《キムジョンウン》への脅しです。「北朝鮮をもっと締め上げろ」という習近平への強烈なメッセージでもありました。

Q21 アメリカとロシアは仲良くできるのか？

トランプ政権の誕生で、ロシアとアメリカの関係は、どうなるのでしょうか。

トランプは、選挙期間中からプーチンとの蜜月の雰囲気を醸し出していました。プーチンが反グローバリストで、民族派の代表的な指導者だからです。国務長官に就任したティラーソンは、石油産業出身でロシアともビジネスをしていて、本質的には親ロシアの人物です。

しかし、トランプ政権が、「再び化学兵器を使用するのを防ぐため」という理由で、プーチンが支援するシリア政府軍の空軍基地を空爆して以来、トランプとプーチンの関係は冷却化しているように見えます。実際は、どうなのでしょうか。

おそらく当面は激しく対立することはないでしょう。「当面」というのは、ＩＳを潰すまで、です。

ＩＳを壊滅させるには、どうしてもロシアの協力が必要になります。徹底的にＩＳを攻撃しているのはロシアだからです（→Ｑ62）。このままいけば、とりあえずシリアの内戦は終了し、ＩＳは崩壊するでしょう。そして、親ロシア政府であるシリアのアサド政権が息を吹き返すことになります。

このような展開になれば、プーチンの大勝利です。

そのあと、ロシアは調子に乗って、さらに中東に首を突っ込む可能性があります。もともと冷戦時代、イラクやエジプト、リビア、チュニジアなど、中東には親ロシア政権がたくさんありました。しかし、オバマ政権が仕掛けた**「アラブの春」**によって、親ロシア政権が倒れ、ロシアは中東での存在感を失っていました。

唯一、ロシアの影響力が残っていたのが、シリアのアサド政権だったのです。シリアで勝利を収めれば、プーチンは昔のように中東でのプレゼンスを発揮したいと欲を出す可能性があります。そのとき、トランプが黙っているかどうか。やはり、座視するとは考えにくい。しかも、共和党の保守本流は反ロシアですから、アメリカとロシアが本当の意味で仲良くなることは考えられません。

Q22 プーチンはトランプをどう見ているのか？

一方、プーチンはトランプ政権と、どのように付き合っていくのでしょうか。プーチンは、当面は、トランプは利用価値があると見ています。ここでの「当面」とは、シリアを完全に取り返すまでは、です。

オバマ時代には、ロシアがシリアに影響力を発揮するのは困難でした。オバマはシリアのアサド政権を倒すのが第一で、アサド政権の反政府勢力を支援していたからです。ＩＳについても空爆するふりをして野放しにし、アサド政権が倒れるのを待ち望んでいました。

実はこの背景にも、国際金融資本の思惑がはたらいています。

金融資本が目の敵にしているのはプーチンです。なぜなら、今の世界ではプーチンが反グローバリズムの旗手だからです。

どういうことでしょうか。

かつてのソビエト連邦（ソ連）時代は社会主義だったので、グローバリストを一切受け付けませんでした。だから、国際金融資本が入り込む余地はなかった。

しかし、1991年にソビエト連邦が崩壊し、ロシアは民主化されました。新生ロシアの初代大統領のエリツィンの時代にはグローバリズムの波が一気に押し寄せ、石油やガスなどのロシアの地下資源がグローバリストやユダヤ系の新興財閥（オルガルヒ）に買い叩かれてしまいました。国営企業の民営化で大規模なリストラが行われ、年金制度も破綻して、ロシア国民は疲弊する結果となったのです。

ロシアの資産を再び国有化し、元に戻したのがプーチンです。

エリツィン時代にのさばっていたユダヤ系の新興財閥に対して、脱税などの容疑をかけ、次々に潰していきました。その結果、グローバリストの資本が入った会社が、どんどん国営化されていったのです。そして、資源輸出で稼いだ利益を、国民に還元したのがプーチンでした。外資締め出しという意味では、昔のソ連時代に戻りつつあります。

こうした状況は、グローバリストの国際金融資本からすると許しがたい。だから、金融資本はプーチンを引きずり下ろしたいのです。

中東におけるプーチンの手先がシリアのアサド大統領ですから、金融資本はアサド政権を潰したい。だから、オバマ政権もアサド政権を目の敵にしていました。もしヒラリーが大統領になっていても、方針は変わらなかったでしょう。その点については、プーチンはトランプ大統領の誕生を歓迎していたはずです。

Q23 米中戦争は本当に起こるのか？

アメリカと中国、新旧超大国の関係はどうなるでしょうか。

基本的には、トランプにとって習近平は敵です。

中国共産党はもともとソ連型の社会主義をめざしていましたが、鄧小平以来、改革開放路線を推進し、外国資本の積極的な導入などが行われ、市場経済へ移行していきました。外国資本はウエルカムですから、アメリカの国際金融資本ともズブズブの関係ができあがっています。鄧小平のあと、江沢民《こうたくみん》、胡錦濤《こきんとう》を経て、習近平が国家主席になってからも、この構図は変わっていません。

その証拠に、共産党幹部の子弟のほとんどは、グローバリズムの本場・アメリカに留学しています。彼らが中国に帰って、共産党の幹部や企業の経営者になっていくわけですから、中国がグローバリズムを突き進めていくのは想像にかたくありません。

中国があれだけ経済成長しているのに貧富の差が一向に縮まらないということは、共産党の幹部と外国資本がべったりの関係にあることを物語っています。国民に還元されることなく、共産党の幹部が私腹を肥やしているのです。

ちなみに、もし中国でまともな選挙を実施したら、必ずトランプのような人物が出てきます。以前、そうなりかけた人がいます。大連市長だった薄熙来《はくきらい》という人物です。しかし、習近平に睨まれて、彼は捕まってしまうのですが……。

いずれにせよ、トランプから見れば、習近平の中国は「国際金融資本とグルだ」と映るわけです。トランプにとって国際金融資本は敵ですから、中国も敵ということになります。

オバマ政権は国際金融資本の言いなりだったので、中国との衝突を避けていました。金融資本が中国で金儲けをすることの妨げになるからです。

トランプ政権は、もし中国が南シナ海で傍若無人に振る舞うことがあれば、プレッシャーをかけるでしょう。空母2隻（ロナルド・レーガンとニミッツ）を西太平洋に展開したのも、北朝鮮の暴発に備えるふりをして、実は中国にプレッシャーをかけているのです。

Q24 トランプ大統領と安倍首相は、なぜ気が合うのか？

もともと安倍晋三首相は、日本版「草の根保守」といえる政治家です。だから、トランプとはウマが合うはずです。

第1次安倍内閣が発足した当初は、「強い日本を取り戻そう」といって、第9条を含む憲法改正にも意欲的でした。ところが、それによって「安倍は危険だ」と判断され、とことん叩かれた。その結果、閣僚が何人も辞任に追い込まれ、本人も体調悪化を理由に辞任に追い込まれました。

このとき安倍首相を辞任に追い込んだのは、徹底したスキャンダル報道を行った大手メディアと、豊富な資金力をもつ経済界です。

日本の場合は自動車産業をはじめ輸出産業が強く、経済界はＴＰＰに賛成の立場です。つまり、財界と第一次安倍政権は対立関係にあったのです。財界は大手メディアのスポンサーですから、当然、財界の意向を受けて安倍叩きをする、というわけです。それに自民党内の反安倍派（親中派）も乗っかり、第一次安倍政権は崩壊しました。

しかし、鳩山・菅・野田の民主党政権の混乱を経て、安倍首相はカムバックを果たし、第二次安倍政権が発足します。安倍さんがすごいのは、同じ轍《てつ》を踏まないように、今度は徹底的に本心を隠したことです。つまり、グローバリズムを支援するふりをしている。だから、TPPも賛成に転じて、積極的に推し進めてきました。

「日本の古い体制をぶち壊す」「いらない規制は撤廃する」「古い岩盤をドリルでぶち壊す」といった言葉をわざわざ口にするのは、グローバリズムを支持する財界へのアピールといえます。「私はあなたたちの味方ですよ」と猫をかぶっているのです。

靖国神社に参拝しないのも、そのアピールの一環でしょう。靖国参拝は強い日本をめざしている、というメッセージに受け取られてしまうからです。

しかし、安倍首相の本心は変わっていない、というのが私の見立てです。

「強い日本をつくる」という本心が変わっていないから、安倍首相はロシアのプーチンとウマが合うのです。首脳会談は、実に20回近くに及びます。勝手な想像ですが、2人で密談しているときは、「グローバリズムなどけしからん」などといい合っているのかもしれません。

そんな本心を隠している安倍首相ですから、トランプとも気が合うのでしょう。トランプの別荘で一緒にゴルフをしているとき、２人は終始ニコニコでした。トランプがあんなに穏やかな笑顔を見せるのはめずらしいですよね。

トランプがＴＰＰからの離脱を表明したのに対して、安倍首相はそれを引き留める役回りを演じていましたが、心の底では本気で引き留めようとは思っていないのかもしれません。

トランプ大統領の誕生で欧州各国の首脳が右往左往する中、外交における安倍首相の存在感が増しているのはたしかですが、政治家としての最終目標は憲法改正ですから、それを実現するまでは猫をかぶり続けるつもりでしょう。

しかし、最近は安倍首相の猫かぶりにも綻《ほころ》びが見え始めています。

２０１７年の憲法記念日、安倍首相はビデオメッセージで、９条の改憲による自衛隊の明記を訴え、２０２０年までにこれを実現したい、と決意表明しました。この直後から護憲派のマスメディアによる猛烈な安倍叩きが再燃します。

森友学園や加計《かけ》学園の許認可に安倍首相が圧力を加えたというネガティブな報道が増えているのも、そのあらわれです。本来、森友問題は財務省と学園の問題、加計学園は文科省の問題であるにもかかわらず、安倍首相が槍玉にあげられています。

反グローバリズムのトランプやプーチンとべったりだったり、憲法改正について決意を語ったりしている姿を見て、「やはり安倍は危ない」と警戒する勢力がいることも想像できます。目の前においしそうなネタがばらまかれていれば、大手メディアはすぐに食いつきますから、反安倍の包囲網はたちまち広がっていくことになるでしょう。

Q25 なぜイスラエルは紛争を繰り返すのか？

トランプ大統領の誕生によって、オバマ政権時代と大きく変わりそうなのが、アメリカとイスラエルの関係です。

イスラエルについて考えるとき、ユダヤ人を一枚岩と見ると本質を見失うことになります。

ユダヤ人には、少なくとも2つのグループがあります。ひとつは、国境を越えて世界をまたにかけて移動する、グローバリスト・ユダヤ人のグループ。ウォール街のユダヤ人は、こちらのグループに属します。

もうひとつは、イスラエルという国をつくってから、祖国を守ろうとしてきたナショナリスト・ユダヤ人のグループです。

１９４８年にユダヤ人が建国したイスラエルは、それまでその土地に住んでいたアラブ人を追放してできた国です。まわりはアラブ人の国ばかりですから、当然、周辺国は敵だらけ。だから、重武装をし、戦争を繰り返すことによって世界唯一のユダヤ国家を守ってきました。こうしたユダヤ国家建設運動のことを**「シオニズム」**と呼び、それを推し進めるユダヤ人のことを「シオニスト」といいます。つまり、イスラエルは「シオニスト国家」であり、シオニズムはユダヤ・ナショナリズムなのです。

現在、イスラエルはアラブ人居住地との境界線にコンクリートの巨大な壁をつくり続けています。アラブ人のテロリストが入ってくるという理由です。やっていることはトランプと同じ、グローバリストとは真逆ですね。

グローバルに活躍するユダヤ人はニューヨークを拠点とし、世界各地でビジネスをしています。ウォール街のユダヤ人にとって、同じユダヤ人国家であるイスラエルが大事な存在であることに変わりはありませんが、イスラエルが無用に緊張を煽り、まわりのアラブ諸国と戦争をしていたら、投資活動に支障が出るから困る。

ですから、ウォール街のユダヤ人は「いい加減にしろ。今の国境で十分じゃないか」と、さかんに中東和平を勧めてきました。アラブ側と妥協しろ、というわけです。そして、スポンサーをしている民主党を通じてアメリカ政府にはたらきかけ、イスラエルとアラブの仲介を推進していったのです。

歴史的に、その仲介を買って出たアメリカの大統領は2人います。

1人がカーター大統領、もう1人がクリントン大統領です。カーターはイスラエルとエジプトを握手させて、クリントンはイスラエルとパレスチナの中東和平を実現させました。2人とも民主党の大統領であることはいうまでもありません。

Q26 なぜアメリカはイスラエルに肩入れするのか？

一方の共和党は、もともとユダヤ問題にはそれほど興味をもっていませんでした。

ところが、共和党の強力な支持母体のひとつである**「福音派」**の存在によって、しだいにイスラエルへ肩入れしていくことになります。

福音派は、『聖書（福音書）』の教えを絶対と考え、これに反する存在を排斥しようというメンタリティをもっています。よって、妊娠中絶や同性愛を罪悪視します。彼らは『新約聖書』黙示録《もくしろく》の預言を信じているため、まもなく世界最終戦争が起こり、神が再臨すると思っています。これを**「終末論」**といいますが、最終戦争が起こらないと人類は救われないと考えています。そのため、本気で破滅的な世界最終戦争が起きることを望んでいるのです。

『聖書』によると、最終戦争はイスラエルのハルマゲドンという場所で起こるとされているため、彼らは『聖書』の預言を、現実のイスラエルとアラブ諸国との戦争になぞらえている面があります。だから、中東で戦争が起きることは、福音派にとっては都合がよいのです。

その福音派は選挙のときに必ず共和党に入れてくれるので、個々の候補者は「福音派の思想はおかしい」と思っても、彼らが望む方向に動かざるを得ず、イスラエル（シオニスト）に肩入れを始めます。共和党のブッシュ大統領（子）がイラク戦争に乗り出した背景には、福音派の影響もあるのです。

イスラエルから見れば、福音派を通じて共和党をコントロールできるのです。

では、トランプはどうでしょうか。

トランプは、個人的な理由でイスラエルに肩入れしています。というのも、彼の愛娘イヴァンカの夫がユダヤ人だからです。ジャレッド・クシュナーという人物で、まだ30代ですがトランプと同じく不動産業で財を成し、トランプの側近中の側近として重用されています。

ちなみに、ユダヤ教徒はユダヤ教徒としか結婚できないため、トランプの娘のイヴァンカは、クシュナーと結婚するためにユダヤ教に改宗しています。正真正銘のシオニスト夫婦というわけです。そのような家族の個人的な事情もあって、トランプは歴代の共和党政権よりもイスラエルを支援する方向に傾いています。

Q27 なぜアメリカはイランとの核合意を破棄したのか?

トランプがイスラエルに肩入れすることによって、オバマ時代に混乱した中東情勢は一変することになります。

図３　米国の中東政策

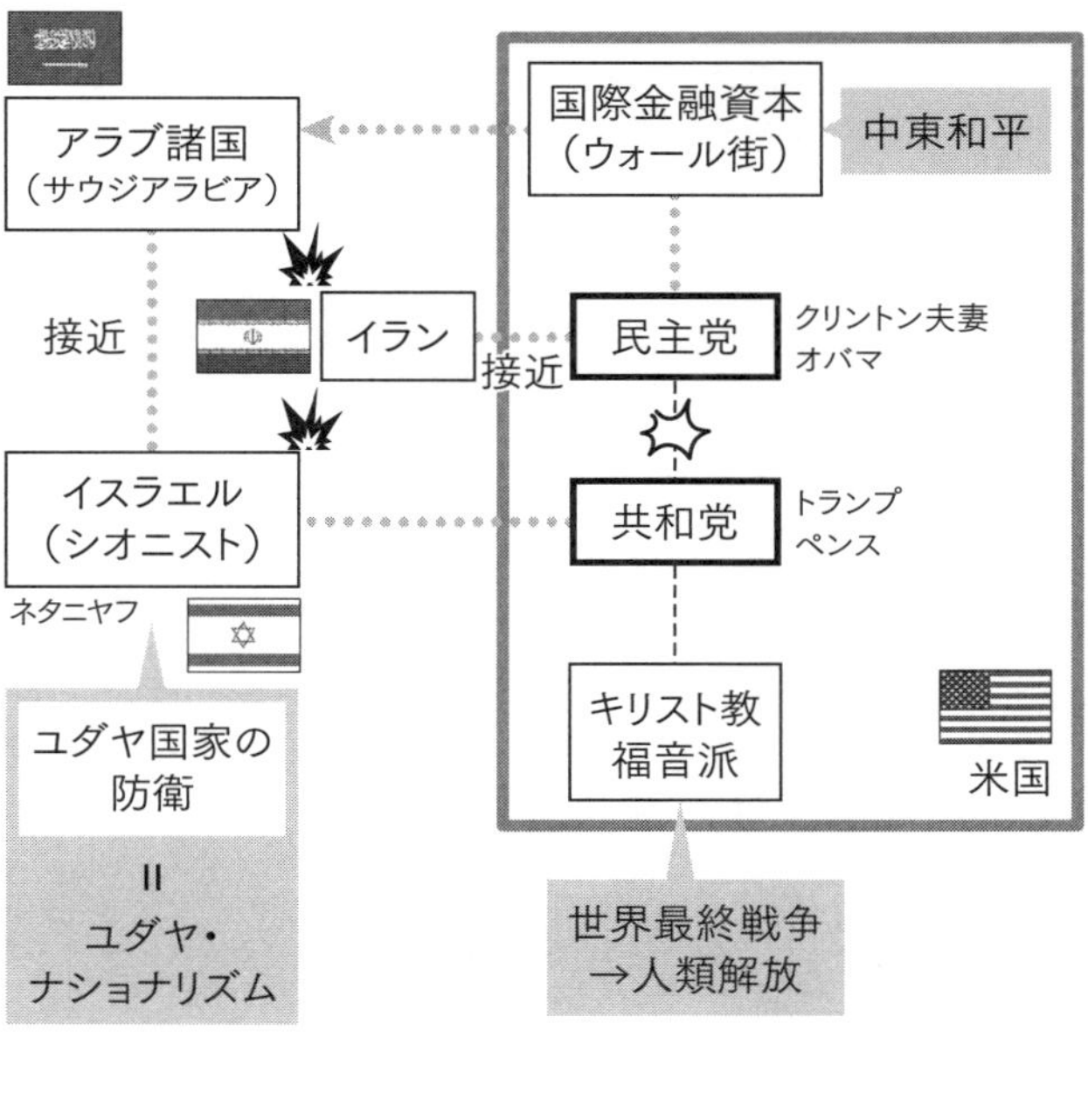
アラブ諸国
（サウジアラビア）
接近
イラン
接近
イスラエル
（シオニスト）
ネタニヤフ
ユダヤ国家の
防衛
＝
ユダヤ・
ナショナリズム
国際金融資本
（ウォール街）
中東和平
民主党
クリントン夫妻
オバマ
共和党
トランプ
ペンス
キリスト教
福音派
米国
世界最終戦争
→人類解放

イスラエルが今、いちばん恐れている国があります。

アラブの国ではありません。

イランです。イランはアラブ人の国ではなく、ペルシア人の国家です。

イラン革命（1979年）で親米王政を倒して以来、アメリカと対決してきたイランは、核開発をしている疑惑があります。イランの核ミサイルが完成すれば、イスラエル全土がその射程圏に入るのです。

一方で、イスラム教シーア派の盟主であるイランは、サウジなどアラブのスンナ派諸国と対立し、スンナ派の過激派集団であるISとは交戦しています。オバマはIS掃討作戦という「汚れ仕事」をイランにやらせる代わりに、核開発は黙認することにしたのです。

2015年にオバマがイランとの間で核協議を行い、イランは核開発の大幅な制限、国内軍事施設の条件付き査察を受け入れて、最終合意に達しました。この結果、イランは長い間続いていた経済制裁を解除されました。オバマは国際金融資本の側ですから「中東和平」を優先したともいえます。

オバマのスポンサーであるウォール街は、イランにも投資をしたい。イスラエルには投資の対象になる資源もないので、それよりもイランで堂々と投資活動をしたほうがお金になる、というわけです。だから、オバマがイランと関係改善を図るのは金融資本にとっては大歓迎の話なのです。

イスラエル（シオニスト・ユダヤ人）は激怒し、ネタニヤフ首相はオバマを罵倒しました。トランプ政権は、オバマがイランと結んだ合意を破棄しました。現職のアメリカ大統領としてははじめてエルサレムを訪問し、ユダヤ教の聖地「嘆きの壁」で祈りを捧げました。イスラエルはもちろん、イランの核保有を恐れるアラブ諸国も、トランプの中東政策を大歓迎しています。

Q28 中東紛争で喜ぶ、アジアの国はどこか？

もしイランとの戦争が起こったら、当然イスラエルはアメリカに助けを求めてきます。中東に米軍が張りつくことになると、喜ぶ国が東アジアにあります。

中国です。アメリカの軍事力がいくら強力だといっても、軍事的なゆとりがなくなります。中東と東アジア、両方に米軍を同時展開することはできませんから、中東で戦争が始まったら、どうしても東アジアの戦力は手薄になります。そうなると、当然中国は調子に乗って、南シナ海、東シナ海でやりたい放題に動きます。

もちろん、これは、日本にとっても重大な事態です。中国とは尖閣諸島やガス田問題を抱えています。トランプがイスラエルに肩入れしすぎるおかげで、日本の安全保障にも影響が及ぶ可能性があるのです。

アメリカの中東に対する政策に関しては、オバマが正しかった、というのが私の意見です。中東の紛争からは手を引かなければ、アメリカは泥沼にはまっていくだけです。

やはり、宗教は人の目を曇らせるということでしょうか。

Q29 イスラエルとの戦争は、イランに何をもたらすのか？

トランプがイスラエルに肩入れすることによって、イスラエルは勢いづいています。

イスラエルには二大政党があり、２００９年から長期政権を担ってきたのがシオニスト強硬派のリクード政権で、ベンヤミン・ネタニヤフが首相を務めています。ネタニヤフはイスラエルをサポートしないオバマを毛嫌いしていましたが、トランプが大統領になってからご機嫌です。

「私はクシュナー君が小さい頃から知ってるんだ」と浮かれ気味です。

もっと領土を広げたい、というのがネタニヤフの本音です。クリントンが主導した中東和平によって「パレスチナ自治区」が誕生し、イスラエル建国前からこの地に住んでいたパレスチナ人が今も生活しています。ネタニヤフは、パレスチナ自治区もすべて取り上げたいと思っているのです。

もし、イスラエルが強硬な姿勢でパレスチナに臨むようなことがあれば、真っ先にイランが反発します。

現実的には、今、イスラエルを攻撃する能力をもっているイスラムの国は、イランだけです。他のアラブ人の国家は核をもっていませんし、過去の中東戦争では、ほぼ全敗しています。しかし、ペルシア人国家であるイランは核を開発しています。イランは、だらしないアラブ諸国に代わるイスラム世界の盟主を自負している面がありますから、「イスラエルが悪さをしたら、俺たちに任せろ」というわけです。

実際、イスラエルを押さえることができれば、実質的にイランは中東で覇権を握ることができます。イスラエルに痛めつけられてきたアラブの民衆も「イラン万歳」を叫ぶでしょう。実際に、ヒズボラというレバノンの武装組織は、アラブ人にもかかわらずシーア派であり、イランに忠誠を誓っています。

Q30 カタールがアラブ諸国から断交されたのはなぜか？

中東では、近年イランが存在感を増しています。イスラエルだけでなく、アラブ諸国もイランを警戒しています。

実は今、「反イラン」という意味ではイスラエルとアラブ諸国は共通している。もちろん、イスラエルとアラブ諸国が「一緒に戦いましょう」ということは絶対にありませんが、腹の中では「反イラン」の立場で互いに利用できないかと思っているのではないでしょうか。

イランが、近年イスラム世界で存在感を増している要因は、核だけではありません。イランの領土にはもともと莫大な石油資源が眠っていますが、オバマによって経済制裁が解除されたことで、海外から投資資金が舞い込み、急激な経済成長を遂げつつあるからです。

また、イランは国民が一枚岩になりやすい、というのも大きな要因です。他のアラブの国では国内に複雑な宗派対立、部族対立があって、天然資源が豊富であってもその配分がうまくいきません。イラクの場合、イラク戦争でサダム・フセイン政権が倒れたあと、シーア派、スンナ派、クルド人の三つどもえの内戦になりました。

一方、イランはほとんどがイスラム教のシーア派ですから、国が宗教で割れることはありません。また、イラン人はみんなペルシア語を話していて、歴史的にも国内紛争がほとんどなく、まとまりがいいのです。イランの人口は約８０００万人と、イラクやサウジアラビアの倍以上の人口を抱えているのも、圧倒的に優位です。

サウジの東側、ペルシア湾岸の油田地帯には、バーレーン、カタール、アラブ首長国連邦などミニ国家が連なっています。歴史的にはイランの勢力圏でシーア派も多く、植民地時代にイギリスが油田を確保するため現地の部族長を懐柔して、独立を認めたのです。

半島国家のカタールは隣の大国サウジアラビアにのみ込まれまいと、イランに接近しました。中国につくか、アメリカにつくか、コウモリ外交を続ける韓国そっくりです。

また、先代の国王が開明的な方で、ＣＮＮをモデルにアラビア語の24時間ニュース・ネットワークであるアルジャジーラを開設し、テロ組織のビデオメッセージから、サウジ王族のスキャンダルまで、検閲なしにどんどん放映して視聴率を稼ぎ、サウジを苛立たせてきました。サウジアラビアの実権を握るムハンマド・ビンサルマン王子は、2017年にトランプ大統領を招き、アラブ諸国の指導者を集めて結束を誇示し、その直後にカタールを「テロ支援国」と決めつけて国交を断絶、水や食料の供給を停止しました。「イラン側についたら、締め上げるぞ」と脅し、他の湾岸諸国への見せしめとしたのです。

Q31 アメリカとサウジアラビアの関係はなぜ改善したか？

イスラム教には、大きく分けて「スンナ派（スンニ派）」と「シーア派」いう二大宗派があります。

シーア派の盟主はイランですが、スンナ派の盟主はサウジアラビアです。サウジアラビアは、トランプ大統領の誕生によって変わるでしょうか。

基本的にサウジアラビアは、トランプ誕生を喜んでいます。

トランプがイランを敵視し、両国の関係が悪化しているからです。

聖地メッカを擁するサウジアラビアは、アラブおよびスンナ派のボス的存在です。だから、シーア派でペルシア民族のイランとは対立関係にあります。

ところが、オバマ政権はイランとの核合意を成立させて、経済制裁を解除しました。

サウジアラビアからすれば、「裏切られた」という感覚です。建国以来、サウジアラビアはずっと親米の立場でした。なぜなら、サウジアラビアの石油を開発したのはアメリカの企業で、そのおかげでサウジアラビア経済は大いに潤ったからです。しかし、オバマ政権の時代は、例外的に険悪な関係になっていました。

一方、トランプはイランの核合意を破棄しようとしている。サウジアラビアにとっては愉快な展開です。「敵の敵は味方」ですから、トランプ政権がイランに関して方針転換をしないかぎりは、サウジアラビアとアメリカの関係は修復に向かうでしょう。

Q32 イランvsサウジアラビア、中東の覇者はどちらか？

イランはロシアと協力してシリア問題に関わるなど、中東での存在感を増しています。これまでは核疑惑による経済制裁によって伸び悩んでいましたが、もともとポテンシャルが高い国です。天然資源は多く、人口も多いので経済成長も期待されています。ロシアとの関係も良好なので、アメリカとの関係が悪化してもイランは安泰です。問題なのは、アラブの盟主・サウジアラビアのほうです。

スンナ派のサウジアラビアは、もともと人口が少ないこともあって、サウジアラビアの東部には、シーア派であるイランの影響力が及び始めています。アラブ人にもシーア派の人がいて、サウジアラビアの湾岸地域に多く住み着いているのです。ちなみに、サウジアラビアの南にあるイエメンもシーア派の国家です。

サウジアラビアの東海岸は世界有数の油田地帯です。反対に、西側からは石油はほとんど出ません。だから、イランは、サウジアラビア東部に住むシーア派の住民を束ねて自分たちの影響下に置くことを狙っています。

油田地帯がシーア派の影響下に置かれたら、サウジアラビアの王室は終わりです。サウード家が支配するサウジアラビアは、石油で稼いだお金を国民に還元することで成り立ってきた独裁国家です。選挙で選ばれたわけではありませんから、石油を自由にできなくなれば権威は失墜します。仮に選挙をしても、石油を押さえたシーア派の住民が「オレたちは独立する」といい出せば、イラクのように分裂します。

その点、イランは一応、民主主義の国です。大統領も選挙で選んでいます。

アメリカは長い間、サウジアラビアのサウード家独裁政権を支援し、民主主義のイランを散々叩いてきました。しかし、アメリカが大好きな「民主主義が正しい」という価値観で判断するとすれば、イランの台頭を防ぐことはできないはずです。そういう意味では、オバマがイランと核合意を締結し、関係改善を図ったのは真っ当な判断だったといえるでしょう。ところが、トランプはイランとの核合意を破棄し、イスラエル寄りの態度をとっているのです。

Q33 イラクは、アメリカとイラン、どちらにつくのか？

トランプが大統領になったことで影響が出そうな国がもうひとつ。イラクです。イラクはアラブ人の国ですが、シーア派政権です。つまり、イラン寄りなのです。

一方で、イラクは親米政権でもあります。イラク戦争でサダム・フセインを倒したのはアメリカですから、イラク政府のバックにはアメリカがついています。

つまり、今のイラク政府には、アメリカとイラン、親分が２人いるということになります。イラクの立場になれば、親分のアメリカとイランがうまくいっていたオバマ時代はよかったけれど、トランプになってケンカが始まってしまった。どちらにつこうか……。さあ、困った。こういう状況です。

では、イラクは実際、どちらにつくのでしょうか。結局、最後は強いほうにつく。アメリカが引けば、イランにつく。それが現実的な選択です。

Q34 なぜNATOの国々は危機感を感じているか？

次にヨーロッパに目を向けてみましょう。

トランプ政権の誕生によって、ヨーロッパとの関係はどうなるでしょうか。

ひと言でいえば、イギリスを除いては、最悪です。EUのボスは、経済力でヨーロッパを牽引するドイツのメルケル首相です。トランプと違って、メルケルはグローバリズムの側ですから、シリアなどからやってくる移民の受け入れを「ウエルカム」と歓迎しました。イギリスはこれ以上移民を受け入れられないと、国民投票でEUからの離脱を決めました。したがって、トランプはイギリス以外の国とは、距離を置くことになると考えられます。

とくにアメリカおよびヨーロッパ諸国によって結成された軍事同盟である**NATO（北大西洋条約機構）**は、大きな関係変化を余儀なくされます。

トランプはNATOとは距離を置くつもりです。これまでは、第二次大戦後の冷戦時代に生まれたNATOの枠組みの中で、アメリカの軍事力がEU諸国をロシアから守ってきたのが現実です。

しかし、プーチンと意気投合するトランプは、ロシアとすぐにケンカするつもりはない。「なぜアメリカが遠く離れたEUの面倒を見なければならないんだ」と、NATOとの関わりを疑問視しています。そして、「EUはもっと軍事費を負担すべきだ」と注文をつけました。

それに対して、NATO、つまりEU諸国の本音は「オバマのほうがよかった」でしょう。なかでも東ヨーロッパの国々は、より深刻にとらえています。具体的には、ロシアに支配された歴史をもつポーランド、ロシアと国境を接するバルト三国（エストニア、ラトヴィア、リトアニア）は、相当危機感を抱いているはずです。

なぜなら、アメリカがNATOを見捨てて軍隊を引き揚げたら、チャンスとばかりにプーチンのロシアが勢力を伸ばそうとするからです。ロシア人の感覚では、ポーランドとバルト三国は歴史的に帝政ロシアの領土だったわけですから。帝政ロシア時代の繁栄を取り戻したいプーチンが、アメリカのいない間に触手を伸ばしても不思議ではありません。そうなると、東ヨーロッパは一気にきな臭くなります。

最近、前例となる出来事もありました。プーチンは、帝政ロシア領だったウクライナのクリミア半島の一部を半ば強引に一部占領し、ロシアに編入しました。それと同じようなことがバルト三国やポーランドでも起きかねません。

さすがに占領まではしないと思いますが、ウクライナのように親露政権を樹立しようという画策は十分に考えられます。バルト三国はロシアの天然ガスに頼っているので、そこにつけ込んでくる可能性もあります。

それでも現状、反グローバリズムのトランプはヨーロッパに干渉するつもりはないでしょう。ＥＵは自前の軍事力を増強して、自衛するしかありません。

Q35 なぜ、ゴールドマン・サックスの幹部が閣僚になれたか？

トランプが勝利したとき、アメリカという国が１８０度変わってしまうのではないか、と危惧《きぐ》した人は多いと思います。

しかし、民主党政権から共和党政権に変われば、国の方針が大きく変わるのは当然。これまでもアメリカの歴史の中では、１８０度進路が変わるような政策変更は、何度も行われてきました。

そもそも、政権が変われば、国家公務員の上層部がごっそりと入れ替わります。その数は、１万人に及ぶといわれます。各省庁の局長級もすべて入れ替わりますから、国が変わらないほうがおかしい。

連邦政府は巨大な組織なので、トランプ政権が発足してからしばらくしても、入れ替え作業が終わりませんでした。したがって、しばらくはオバマが任命した高級官僚が残っていて、トランプに盾突くといった事態も起きました。「7カ国からの入国禁止」の大統領令を、移民局の官僚が「認めない」といって解任されたりしたのも、入れ替わりの時期だったからです。

トランプが指名した閣僚も、決定までに時間がかかりました。閣僚は議会の承認を得なければなりませんが、議会の多数派は共和党の保守本流です。重要閣僚の国務長官でさえ、レックス・ティラーソンのロシアとの親密な関係が不安視され、なかなか承認されませんでした。

そんな中、トランプは金融大手のゴールドマン・サックス社出身のスティーヴン・ムニューチンを財務長官として指名しました。選挙期間中は民主党の支持基盤である金融資本を目の敵にしていたにもかかわらずです。

これについては、大手金融資本を目の敵にしていたら、現実には政治は何も動かないので、「敵を抱き込んだ」ということでしょう。「少しは甘い汁を吸わせるから俺のいうことを聞いてくれ」という下心が透けて見えます。

Q36 TPP離脱を強行したのはなぜか?

トランプは、大統領選挙の公約通り、TPPからの離脱を決めました。これは、トランプのアメリカ・ファーストを考えれば、当然の判断といえます。

TPPは「関税をゼロにする」のが基本ですから、世界各地でビジネスをしたいアメリカのグローバル企業は歓迎してきました。なかでもTPP推進派の筆頭は、ウォール街の金融資本です。大手金融機関は莫大な資金を持っているので、世界各地で自由に投資がしたい。世界中の企業を買収し、地下資源に投資し、金儲けがしたいのです。だから、それらを規制する壁はいらないという考え方をします。

反対に日本や中国の工業製品がアメリカ国内に入ってきたら、大きな痛手を負うことになるのが、競争力で後れをとるアメリカの製造業。たとえば、自動車産業は今でさえ、ドイツや日本の自動車会社に圧倒されているにもかかわらず、関税が撤廃されたら、太刀打ちできません。アメリカの国内産業を守るために、「TPPは反対」ということなのです。

しかし、これはTPPの議論が始まる頃からずっと指摘されてきた問題です。TPPがアメリカに有利というのは一面にすぎない。つまり、アメリカの中でも、ずっと賛否が割れていたのです。

オバマ政権は金融資本側だったので、TPPを推し進めてきました。一方で、保護主義を掲げるトランプ政権が、TPPから離脱するのは、ごく自然な判断といえるのです。

Q37 メキシコとの国境に壁はつくられるのか？

トランプはメキシコとの国境に巨大な壁を建設し、不法移民の流入を防ぐことを公約に掲げました。

不法移民によって仕事を奪われ、治安悪化に悩んでいた国境沿いの州は歓迎し、トランプ支持にまわりました。フロリダ州などメキシコと国境を接していない「スイング・ステイト」でも、メキシコの壁は支持を集め、トランプ勝利の要因となりました。

フロリダ州などには、メキシコから移民としてやってきたヒスパニックが多数はたらいています。にもかかわらず、壁を支持するとはどういうことでしょうか。

ひと口に移民といっても、「合法移民」と「不法移民」がいます。

トランプは、選挙戦を通じて「ヒスパニック、つまり中南米からの『不法移民』は入れない」といっていました。ヒスパニック全員を追い出すとはいっていない。「不法移民を追い出す」と約束したのです。

これを聞いて、すでにアメリカで生活していたヒスパニックの人たちは拍手喝采を送りました。「俺たちは合法移民だから、堂々とアメリカで生きていける」というわけです。近年急増しているヒスパニックの票が集まったので、トランプは選挙戦を優位に戦えたともいえます。


「メキシコとの国境に壁をつくる」という公約については、アメリカや日本のメディアでは、「とんでもない愚行だ」という論調が強かったようですが、当事者の立場からすれば、「現実を何もわかっていない」というのが本音でしょう。

メキシコとの国境付近は、国境とは名ばかりで何もない。砂漠のような土地が延々と続き、国境が長すぎて壁はおろか柵さえつくれない。柵をつくった部分もボロボロで、意味をなしていない。しかも、国境付近では英語もほとんど通じません。

　メキシコは、マフィア戦争で荒廃し、ろくな仕事もありません。だから、次々と不法移民が国境を越えてきます。彼らは、国境付近にとどまらず、アメリカ各地に散っていきます。低賃金で働きますから、これまで住んできた人たちの仕事を奪っていきます。しかも、不法移民が入ってくれば、治安も悪化する。

　不法移民に対して直接的な不満をもっているアメリカ国民が、「国境に壁がないのはおかしい。トランプは正しいことをいっている」という反応をするのは、当然ともいえます。

　日本には地続きの国境がないので、実感をもってこの問題をとらえることが難しいのかもしれません。仮に、どこかの国と地続きでつながっていて、その国が無政府状態になってしまったとします。マフィアがドンパチやっているのに、国境線に柵がなくて、不法移民がどんどん入ってくる。政府が「壁をつくる」といえば、反対する人はまずいないはずです。地続きの国境がない日本人が、メキシコとの壁の問題を理解するには、想像力をはたらかせることが必要なのです。

Q38 なぜメキシコではマフィアが暗躍するのか?

トランプ大統領は、メキシコとの国境に壁を建設する方針です。しかも、選挙期間中は「建設費はメキシコに払わせる」と豪語していました。さすがに、メキシコが建設費を支払うことはありませんが、メキシコとアメリカの関係は悪化しました。メキシコの側からすると、不法移民が急増したのは、もとをただせばアメリカに原因がある、ということになります。

歴史的に見ると、メキシコは2回、アメリカにひどい目に遭わされています。一度目は19世紀の半ば。アメリカとのメキシコ戦争の結果、今のテキサス州とカリフォルニア州などロッキー山脈以西の土地を奪われました。

二度目は、冷戦終結後の1990年代、アメリカとカナダとメキシコの3国間で貿易協定を結びました。それが、**NAFTA(北米自由貿易協定)**です。北アメリカ限定のTPPみたいなもので、国境の壁を低くし、人・モノ・金の移動を自由にすることが目的です。中心になって交渉を進めたのは、民主党のビル・クリントン大統領。

その結果起きたのが、メキシコ農業の破壊でした。

関税を撤廃したことで、アメリカ産の安い農産物がメキシコ国内にドーンと入ってきました。メキシコの零細農民は、ひとたまりもありません。治安は悪化し、南部の貧しい地域では暴動も起こりました。そして、飯が食えなくなった農民たちは、手っ取り早くお金になる作物を育て始めます。そうです、麻薬（アヘン）です。

すると、今度は、麻薬栽培を仕切るマフィアが跋扈するようになり、麻薬の利権を巡ってマフィア戦争が勃発。メキシコ国内は荒廃し、経済はめちゃくちゃになりました。こうして、飯を食うためにアメリカに不法移民として越境するメキシコ人が急増したのです。

こうして見ると、メキシコの不法移民の背景には、ＮＡＦＴＡの締結があったことがわかります。

もちろん、メキシコがＮＡＦＴＡを締結すれば、メキシコ経済がガタガタになることはある程度、予測できていたはず。それでも拒否できなかった理由は、メキシコがアメリカから借金をしていたからです。メキシコは何度も財政破綻していて、そのたびにアメリカからお金を借りてきたのです。その融資の条件が「国を開いて関税を撤廃せよ」

というものでした。これでは、ノーとはいえません。

しかも、その融資を実行する組織はＩＭＦ（国際通貨基金）で、ウォール街の国際金融資本とほぼ一心同体ですから、メキシコはグローバリズムの被害者といえるでしょう。

トランプはＮＡＦＴＡを再交渉して、関税復活を求める方針だとされています。ＮＡＦＴＡの再交渉は、メキシコ人にとって悪い話ではありません。メキシコ経済を再建するチャンスだからです。アヘンなどを栽培しなくても、農民が飯を食べていけるようにするには、関税を復活させればいいのです。

Q39 なぜ明治の日本は「関税自主権の回復」にこだわったのか？

これまで見てきたように、トランプは反グローバリズムの立場です。「アメリカ・ファースト」「孤立主義」「保護主義」を掲げてきました。

それに対して、世界各国は「反グローバリズムなどけしからん。グローバリズムを推し進めてきたから世界は繁栄してきたのだ」と批判しています。共産党政権の中国でさえ、「グローバリズムの擁護者」を気取っています。

しかし実際に国民に支持されたのは、反グローバリズムを掲げたトランプですし、ヨーロッパでも、「不法移民排除」「保護主義」の声が高まっているのは事実です。

グローバリズムとは、万能薬ではありません。グローバリズムというのは、自由競争であり、言い方を変えれば、「弱肉強食」の世界です。強い産業は伸びるけれど、弱い産業は潰れていきます。

学校の成績にたとえてみましょう。５段階評価の場合、クラスごとに「10％が５の評定で、20％が４の評定で、40％が３の評定……」と決めて、相対評価をすれば、どのクラスも同じ成績の生徒が一定数いることになります。この場合、数字上はクラス間の実力差はありません。

しかし、クラスの壁を取っ払って学年全体で５段階評価をしたら、どうなるでしょうか。５の評定をとった生徒が30％もいるクラスや、１の評定が40％もいるクラスが出てきてもおかしくありません。つまり、優秀な子が集まっているクラスと、そうではないクラスが明確になり、クラス間の格差が広がることになります。

国家間の壁をなくすということは、まさにそういうことで「弱肉強食」の世界になっていきます。いちばん強い勝ち組はどこかというと、もちろん莫大な資金力を誇るグループ、アメリカの国際金融資本ということになりますよね。

このグループの人たちは、世界から壁をなくせば弱者からお金を集め、ますます資産を増やすことができるわけですから、グローバリズムに賛成します。つまり、グローバリズムをやめたら、世界経済は発展しないというのは、あくまでも「強者のいい分」なのです。

保護主義や移民排斥で、グローバリズムの歯車が少し逆回りをしたとしても、それは決して悪いことだとはいいきれないでしょう。経済的に遅れている後進国は、保護主義を採用して国を守る権利があるからです。

たとえば、人間が風邪をひいたときには、体力が戻るまで暖かくして寝ているほうが回復しやすいですよね。体力がないのに薄着のまま外で運動していたら、風邪をこじらせるだけです。国も同じで、体力がないなら、回復するまで身を守ろうとしなければなりません。

実は、幕末の日本もグローバリズムを受け入れたことによって、一時、風邪をこじらせたことがあります。1853年に黒船に乗って来航したペリーは、江戸幕府に「国を開きなさい」と迫りました。現代風にいえば、「グローバリズムを受け入れなさい」ということです。江戸幕府が泣く泣く開国した結果、海外からは安くて質の高い製品がもち込まれ、日本の産業はネジの頭のようにぐしゃぐしゃに潰れてしまったのです。

そこで、日本人はどうしたか。

「このままでは日本の産業は終わってしまう」と危機感をもち、「壁」をつくることを画策しました。

具体的には、条約改正です。開国時にアメリカに押しつけられた条約は、輸入品に自由に税をかけられないという不平等条約になっていました。そこで、不平等条約を改正し、輸入品に関税をかけられるよう、アメリカにはたらきかけたのです。

ところが、アメリカはなかなか認めてくれない。

しかし、日清戦争や日露戦争に日本が勝利したことで、「日本もなかなかやるじゃないか」とアメリカも交渉の席についてくれました。そして、不平等条約の締結から約50年後、ついに条約改正に対して首を縦に振ってくれたのです。これを**「関税自主権の回復」**といいます。

日本の産業が大きく発展を遂げ、世界の列強と伍することができたのは、条約改正に成功したあとです。日本は、アメリカのグローバリズムに反旗を翻した結果、大発展したのです。

途上国が自分の国を守る権利があるというのは、現代社会でも同じ。すべての国がグローバリズムを推進すべきだ、というのは強者の論理にすぎないのです。

Q40 トランプが大統領の座を追われる日はくるか？

トランプ大統領の支持率が上がらない中、今後、トランプが大統領の座を追われるというシナリオも考えられます。

トランプ大統領が失脚するとしたら、そのシナリオは2つ。第1に暗殺、第2に弾劾です。

暗殺については起きないことを願うしかありませんが、弾劾についてはロシアゲート疑惑の浮上で現実味を帯びてきました。

アメリカの憲法では、大統領を辞めさせる方法のひとつとして、弾劾裁判が定められています。重大な憲法違反を犯した場合、議会が大統領を裁くことができます。

これまでの例として、ニクソン大統領が**ウォーターゲート事件**というスキャンダルに関連して弾劾裁判にかけられそうになりました。ニクソンは弾劾裁判から逃れるため、自ら辞任しましたが、事実上、議会に辞めさせられた形となりました。

したがって、トランプが重大な憲法違反を犯すようなことがあれば、弾劾裁判で大統領の座を追われる可能性はあります。もちろん、対立関係にある政敵はそれを虎視眈々と狙っているでしょう。民主党とグローバリストは当然ですが、保守本流の共和党議員の中にもトランプを引きずり降ろしたい人はたくさんいるはずですから。

しかも、トランプはいつスキャンダルを起こしてもおかしくないキャラクターです。トランプの脇を固めている側近にも、いずれ問題を起こしそうな人物がいます。

筆頭は、首席戦略官という新しいポストに就いたスティーヴン・バノン。もともとはトランプの選挙参謀だったこともあり、トランプの信頼が厚い。ところが、政治的にいえば極右で、「人種差別主義者」とも評される危険人物です。トランプが大統領就任早々に、イスラム圏７カ国からの入国を制限する大統領令を出して混乱しましたが、反イスラムのバノンが裏で糸を引いていたとされます。

もともとは『ブライトバート・ニュース』という右派のインターネットメディアの経営者でした。ガチのナショナリストで、反グローバリズムのイデオロギーをトランプに吹き込んだのがこのバノンです。このようなアクの強い人物は、いつ政権を揺るがす地雷になるか、予測がつきません。

その意味では、さすがのトランプも警戒しているはずです。バノンの立場は、いわゆる白人至上主義。ということは「反ユダヤ」なので、娘婿であるクシュナーとはぶつかることになります。イスラエルの意を受けてシリア攻撃を主張するクシュナーに対し、バノンは強硬に反対して政権内で孤立を深めました。2人の力関係は興味深いですが、トランプが生き残りを図ろうと思えば、最終的にバノンを切るのではないでしょうか。

Q41 「ロシアゲート疑惑」はなぜ起きたか?

トランプ政権を揺るがす大スキャンダルとなりかけているのが**ロシアゲート疑惑**です。すでに大統領補佐官だったマイケル・フリンは、大統領就任前から駐米ロシア大使と接触していた事実が暴露され、辞任しています。クシュナーにも飛び火し、トランプの長男も、大統領選挙中にロシアの情報部員からヒラリー・クリントンに不利な情報を得ていたという疑惑の渦中にいます。

「トランプとロシア」といえば、大統領選挙のとき、ロシア政府が米大統領選の妨害を目的にサイバー攻撃をしかけて、ヒラリーに都合の悪いメールを流出させた、という疑惑が報道されました。

真相はあきらかになっていませんが、十分あり得る話です。ロシアのメディアは一貫して反ヒラリーでしたし、トランプを勝たせる工作をしたとしてもおかしくない。あのプーチンが大統領の国ですから、本当にやっていてもまったく驚きません。

そして、大統領就任後には、トランプ大統領周辺とロシアとの不透明な関係を巡る「ロシアゲート疑惑」が報じられ、トランプは窮地に立たされました。大統領選挙のときに、ロシアがトランプ陣営に有利なはたらきかけを行ったとされる問題が疑惑の発端です。展開しだいでは、大統領の弾劾もあり得るため、アメリカでも大きな注目を浴びています。

「ロシアゲート」という言葉は、１９７４年にニクソン大統領が辞任に追い込まれた「ウォーターゲート事件」が元になっています。

共和党のニクソン大統領が再選を目指した１９７２年の大統領選挙のとき、野党民主党の選挙対策本部が入っていたウォーターゲートビルにＣＩＡが盗聴器を仕掛けたことが発覚し、ニクソン大統領が捜査妨害をしたとして告発されたのが、ウォーターゲート事件です。このときニクソン側近や官僚たちがニクソンに不利な情報をマスメディアにリークし、大統領を追い詰めました。

今回のロシアゲート疑惑では、トランプ大統領本人が法律違反をしたという明確な証拠はありませんが、「なんとなく怪しい」という印象報道が連日のように繰り返されることで、トランプ大統領の支持率は30％台にまで下落しました。森友・加計《かけ》学園問題で大手メディアに一部の官僚が情報をリークし、「なんとなく怪しい」というネガティブ報道が繰り返された結果、支持率が急落した安倍政権とそっくりです。

ネットがこれだけ普及した今でも、テレビ報道をそのまま信じてしまう一定数の人々がどの国にもいて、民主主義を歪めているのは危険なことだと思います。

第2章

イギリスのEU離脱と、ヨーロッパの暗い未来

Q42 そもそも、EUとは何か？

２０１６年６月、イギリスは国民投票の結果、欧州連合（ＥＵ）からの離脱を決めました。投票結果は、離脱支持51・89％、残留支持48・11％という僅差でした。その後、サッチャー以来の女性首相の座についたイギリスのテリーザ・メイは２０１７年３月、イギリス（ブリテン）の**EU離脱《イグジット》（ブレグジット）**を正式に通告し、２年という期限の間に、ＥＵや他の主要な同盟国との外交関係や貿易協定について交渉を進めていくことになっています。

１９５２年にＥＵの前身であるＥＣＳＣ（ヨーロッパ石炭鉄鋼共同体）が誕生して以来、これまで加盟国が増えることはあっても、一度として減ったことがないＥＵにとって、今回は歴史的な転換点ということができます。

なぜ、イギリスはＥＵ離脱を選択したのでしょうか。

このままＥＵは解体していくのでしょうか。

これからの世界を読み解くために、ヨーロッパで起きていることを概観することは、外せない要素です。本章では、ＥＵの歴史をひもときながら、ヨーロッパとその周辺で起きていること、そして、EUの未来について展望していきます。

イギリスのEU離脱について理解するには、「そもそもEUとは何か？」という点を押さえておく必要があります。

EUのキーワードとなるのは、今も昔も「ドイツ」です。イギリスのEU離脱も、ドイツという国の存在が背景にあります。

ヨーロッパのど真ん中に位置するドイツは、歴史的に見て、ヨーロッパの「暴れん坊」といえます。周辺国を圧倒する軍事力を有し、第一次大戦、第二次大戦では結果的に敗戦国となったものの、イギリスやフランス、ロシアといった強国を相手に大暴れし、周辺国を恐怖に陥れました。言葉は悪いですが、ドイツはヨーロッパ内で札付きのワルとして恐れられていたのですね。

しかも、軍事面だけでなく、経済面も優秀でした。産業革命でイギリスに後れをとったドイツは工業後進国であったにもかかわらず、勤勉さや秩序を尊重する国民性から工業国としても急速に発展を遂げ、軍事力を増強することに成功しました。

したがって、ヨーロッパの国々にとっては、「軍事力でも経済力でも優秀なドイツを、どうやって封じ込めるか」が常にいちばんのテーマだったのです。

第二次大戦の敗北でヒトラー政権が崩壊したあと、ヨーロッパ諸国は「暴れん坊のドイツ」が二度と蘇ることがないよう、さまざまな手を打ちました。そのうちのひとつが、ドイツを2つの国に分けること。戦後、ソ連とアメリカ、イギリス、フランスの戦勝4カ国によって占領され、ソ連占領下の東ドイツ（民主共和国）と、西側3国の占領下の西ドイツ（連邦共和国）に分割、首都ベルリンも東西に分断されました。

東ドイツは、ソ連の同盟国となり、**ワルシャワ条約機構（WTO）**という社会主義圏（共産圏）の国々で構成される軍事同盟に組み込まれました。

米ソの冷戦が始まると、西ドイツはアメリカの同盟国となり、イギリスやフランスなど西側の国々で構成される**NATO（北大西洋条約機構）**に組み込まれることになりました。表向きの理由はソ連に対抗することでしたが、ドイツを自由にさせず、しっかり手綱を握っておくことも隠された狙いだったのです。

実は日米安保条約についても、これと同じことがいえます。

日米安保条約は、ロシアや中国といった共産圏の国々に対抗することが表向きの理由でしたが、二度と日本が暴れないようにがっちりアメリカが押さえ込むことが隠された目的でした。そのために、アメリカは米軍基地を日本各地につくり、軍隊を駐留させました。アメリカでは日米安保条約のことを「瓶のふた」と表現しています。日本を炭酸飲料にたとえて、しっかりふたをしておかないとポーンと中身が噴きだしてしまう。つまり、もしアメリカ軍が撤退したら、日本は軍事力を強化し、他国の脅威となりかねない、というわけです。「日本は危ない国だ」とアメリカをはじめ、アジアの国々は警戒してきたことがわかります。

同じように、戦後のドイツも周辺国から危険視され、包囲網が敷かれていったのです。これからくわしく説明しますが、実は、EUが誕生したのもドイツの封じ込めが発端であり、現在のEUが抱えているさまざまな問題もまた、ドイツ問題に行き着くのです。

Q43 フランスがドイツを恐れるのはなぜ？

ドイツを最も恐れていたのは、隣国のフランスです。

なぜなら、フランスは3度、ドイツに侵略された歴史があるからです。最初は19世紀後半の剛腕宰相・ビスマルクの時代。ドイツ統一の主導権を握っていたプロイセンのビスマルクは、普仏戦争（独仏戦争）でフランス軍を破り、パリに入城、さらに国境近くのアルザス・ロレーヌ地方を獲得し、ドイツ帝国を成立させました。2回目が第一次大戦のときで、ドイツ軍はフランス北東部の工業地域を掌握し、さらに一時はパリ付近まで攻め込みました（フランスの反撃にあって撤退）。3回目が第二次大戦中のナチス・ドイツによる侵略で、再びパリが陥落しています。

そんな屈辱の歴史をもつフランスが常に考えてきたのは、二度とドイツが攻めてこないようにすること。

第一次大戦後は、ドイツを痛めつけることによって弱体化させようと試みました。ドイツに全植民地と海外の一切の権利を放棄させ、巨額の賠償金を支払わせることを決めました。さらには、ビスマルク時代にドイツが獲得したアルザス・ロレーヌ地方をフランスに返還させました。ちなみに、アルザス地方はワイン工業、ロレーヌ地方は鉄鉱石と石炭を産出するため、しばしばフランスとドイツとの間で係争地となってきた場所です。

しかし、戦後、大きな代償を払うこととなったドイツ国民の不満は募っていきます。その結果、世界恐慌の影響で失業を余儀なくされた人々の支持を集めたヒトラー率いるナチスが躍進。ヨーロッパは第二次大戦の渦に巻き込まれることになります。

「ドイツを痛めつけすぎたことが、ナチスを生んだ」

教訓を得たフランスは、第二次大戦後、今度はドイツを叩きのめすのではなく、逆にドイツ国民がなんとか生活できるような配慮をしたのです。そうすれば、第２、第３のヒトラーは出てこないと考えたからです。

具体的には、フランスはドイツに賠償金を求めませんでした。そして、ドイツとフランスの係争地だったアルザス・ロレーヌ地方の地下資源を共同利用することにしました。第二次大戦の際、ナチス・ドイツに編入されていたアルザス・ロレーヌ地方は、戦後フランス領となったのですが、石炭や鉄鉱石を独り占めしなかったのです。

これをきっかけにドイツとフランスの和解が進みます。

１９５２年、石炭と鉄鋼石を周辺国で共同管理し、これらの資源の単一市場を創設することになりました。つまり、国境間で関税をかけないという約束事を決定したのです。これを**ＥＣＳＣ（ヨーロッパ石炭鉄鋼共同体）**といいます。

それから、１９６７年にＥＣＳＣが発展する形で生まれたのがＥＵの前身であるＥＣ（ヨーロッパ共同体）です。フランス、西ドイツ、ベルギー、イタリア、ルクセンブルク、オランダの6カ国が経済的な共同体をつくり、関税を撤廃。国境線をなくし、人・モノ・資本が自由に移動できる市場統合を成し遂げたのです。

なお、この段階ではまだ、それぞれの国に政府が存在し、EUのような統合体が生まれたわけではありません。あくまでも市場統合のみです。今でいうと、TPPの西ヨーロッパ版のようなイメージです。

そしてECは、冷戦終結後にEUへと発展を遂げます。このようにEUは、ドイツを恐れていたフランスなど周辺国による「ドイツ封じ込め対策」に端を発しているのです。

Q44 なぜEUの本部はブリュッセルなのか?

第二次大戦後、東西冷戦がしばらく続いていましたが、1991年ソ連が崩壊し、ロシア連邦が誕生します。東西冷戦は、アメリカの勝利に終わったのです。

その結果、ソ連の「子分」だった東ドイツも崩壊。統一選挙を実施して、西ドイツと合併することになりました。

ここで、東西ドイツ統一の実現に危機感を抱いた国があります。

そう、フランスです。ただでさえ西ドイツは戦後復興を果たし、ヨーロッパで存在感を増していたのに、東ドイツと一緒になれば、かつての「暴れん坊のドイツ」が蘇ってしまうのではないか。そう危惧したのです。

そこでフランスは、ドイツに対する手綱を締めるため、さらなる囲い込みを実行しました。ドイツ統一の3年後、1993年にこれまでのECを強化する形で、**EU（ヨーロッパ連合）**を発足させたのです。

EUの大きな特徴は2つ。

ひとつは、EUの加盟国は「国家統合」を目指すこと。ドイツ政府やフランス政府の上に、いわゆる「ヨーロッパ中央政府」をつくり、各国の主権の一部を共通の機構に委ねることにしたのです。

もうひとつは、通貨を統一すること。1999年、フラン（フランス）やマルク（ドイツ）といったEU加盟11カ国の通貨を廃止し、統一通貨「ユーロ」を発行しました。

フランスをはじめとしたヨーロッパ中央政府が、政治権力や通貨発行権をきっちり握っておけば、ドイツの暴走を回避できると判断したのです。

仮定の話ですが、今、韓国と北朝鮮が統一したら、日本人はどう思うでしょうか。現時点でも韓国とはさまざまな軋轢があるくらいですから、北朝鮮と一緒になれば、かなりやっかいな国になることは想像できます。南北朝鮮の数倍の規模を誇るドイツが統一されるわけですから、フランスをはじめまわりの国が危機感を抱いたのはしかたありません。

このようにEUの誕生には、ドイツの強大化をめぐるフランスの思惑が絡んでいたのです。ちなみに、EUの本部がベルギーのブリュッセルに置かれているのも、フランスとドイツの主導権争いが関係しています。ドイツやフランスの都市を本部にしたらお互いが警戒するという理由から、中間のベルギーに設置されたのです。

Q45 EUが28カ国に拡大したのはなぜか？

最初は12カ国で発足したEUですが、その後拡大を続け、2017年現在で加盟国は28カ国に達しました。

なぜ、EUは拡大路線を突き進んできたのでしょうか。

ひとつは、アメリカのドルに対抗するためです。

第二次大戦後、ずっとアメリカが世界の政治経済の主導権を握り、「米ドル」が基軸通貨として世界貿易で使われてきました。中東諸国から石油を買うときも、代金は米ドルで要求されてきたのです。その間、ヨーロッパの国々は「アメリカの下に置かれている」という気持ちを強く抱いてきました。

したがって、アメリカのドルに対抗する統一通貨「ユーロ」をつくることによって、世界経済の主導権をアメリカから奪い返したい、というのがヨーロッパの国々の悲願だったのです。だとすれば、ユーロが流通している国はたくさんあったほうが、ユーロの信用は高まる。ユーロ圏を広げてきたのは、ユーロの信用を高めて、ドルに対抗しようという思惑があったのです。

もうひとつの理由は、ソ連の崩壊で東ヨーロッパの国々が次々と民主化されたためです。「ヨーロッパ統合」を目指す上では、当然、政治体制が同じでなければなりません。そのため共産党政権の国とは、一緒になることはできませんでした。

ところが、１９９１年のソ連崩壊でバルト三国（エストニア、ラトヴィア、リトアニア）が独立し、ポーランド、チェコ、スロヴァキア、ハンガリー、ルーマニアなどの東ヨーロッパ諸国が相次いで民主化されていきました。このとき、EUは「民主化された東ヨーロッパの国々もEUに加盟すれば、人口は2億人を超え、アメリカにも対抗できる経済規模になる（現在は約5億人）」と考え、EU圏の拡大を進めていきました。

以上の2つが、ヨーロッパが拡大路線をとってきた理由です。しかし実際には、あまり深く考えずに拡大してしまった、というのが本当のところかもしれません。

これに対して、世界に君臨していたアメリカは、ECの時代からヨーロッパの統合については警戒してきました。

国境や関税をなくし、人の行き来を自由にするという意味では、グローバリズムといえますが、アメリカに対抗するという意味では、「ヨーロッパナショナリズム」ともいえる動きだからです。当然、アメリカから見れば、「われわれに逆らおうとしている」と映りますよね。

しかし、アメリカは不本意ながらも、EU（EC）拡大を黙認してきました。当時の最大の敵はロシア（ソ連）だったわけですから、西ヨーロッパとはむやみにケンカしたくない、という事情があったからです。

Q46 なぜドイツにはトルコ系移民が多いのか？

これまで拡大を続けてきたＥＵは、今、岐路に立たされています。イギリスのＥＵ離脱に象徴されるＥＵ離れ、長引く経済低迷と失業問題、移民問題、極右の台頭などなど……問題が山積しているのです。

なぜ、今のような状況が生まれてしまったのでしょうか。少しずつ解き明かしていきましょう。

時代は、１９７３年に起きた第一次石油危機の前まで、ＥＣ（現ＥＵ）はうまくいっていました。

ヨーロッパは第二次大戦で焼け野原となりましたが、戦後、復興需要などを背景に、ヨーロッパ経済は息を吹き返しました。いちばんの立役者は工業が強い西ドイツでしたが、フランスでもどんどん新しいビルが建ち、景気も急速に回復していきました。そういう意味では、戦後の日本と一緒ですね。

景気がよくなると、働き手が足りなくなるのは、いつの時代も同じです。そこで、Ｅ

Cの加盟国は移民を受け入れることを決断します。その時代に移民としてヨーロッパに入ってきたのが、北アフリカやトルコ出身のイスラム教徒でした。

アルジェリアやチュニジア、モロッコなどがある北アフリカは、もともとフランス領でしたから、フランス語も堪能です。彼らが職を求めて大挙してフランスに流れ込んできました。パリの周辺には移民のためのニュータウンができ、住民のほとんどがアラブ系、という街が次々に誕生したほど。そんな北アフリカの移民が、好景気にわくフランスの経済を支えていたのです。

ドイツには、トルコ人が大挙して出稼ぎにやってきました。なぜ、トルコ人かというと、トルコ人は心情的にドイツに好感をもっているからです。

歴史的にいうと、トルコ人にはイギリスやフランスに「いじめられた」記憶があります。トルコ人のオスマン帝国は、第一次大戦の敗戦によって、支配下においていたアラブ地域の領土をイギリス、フランス、ロシアの3国に分割され、奪われてしまいます。この取り決めを**「サイクス・ピコ協定」**(→173ページ)といいますが、その後、オスマン帝国は滅亡、トルコは大幅な領土縮小を余儀なくされました。

したがって、トルコ人にとって、「二度の大戦を通じて宿敵のイギリスやフランス、そしてロシアと戦ったドイツは偉い」というわけです。ちなみに、トルコ人が日本に好感をもっているのも根は同じで、日露戦争や第二次大戦でロシアやイギリスと一戦交えた歴史が根底にあるのです。

このような歴史から、ドイツにやってきた移民もほとんどがトルコ人でした。現在でもトルコ人の移民が多く、トルコでは英語よりもドイツ語のほうが通じたりします。

移民問題については、近年になってクローズアップされている印象があるかもしれませんが、50年以上も前から数多くの移民がヨーロッパにやってきていたのです。

Q47 なぜ今、移民排斥が問題になるのか？

中東のシリアでは「アラブの春」以降、内戦やＩＳの勢力拡大によって難民が大量に発生しました。２０１５～16年にかけては戦局の激化にともない、周辺国を経て、ドイツなどのヨーロッパ各国へと向かうシリア難民が急増。**シリア難民**は５００万人を超えたとされます。この数は、実にシリアの人口の４分の１にあたります。

同時期に内戦が始まった北アフリカのリビアなどからも難民が押し寄せ、難民の海難事故も頻発しました。

こうした移民の問題は、ヨーロッパの都市を狙ったＩＳによる卑劣なテロや経済低迷、高失業率などの問題を引き起こし、社会不安が発生。それと同時に、移民排斥の世論も高まっています。

ただし、移民排斥は、今に始まった問題ではありません。火種はもっと以前からありました。

石油危機後の景気低迷で、仕事が急速になくなったわけですから、出稼ぎに来ていた移民が祖国に帰れば問題はありませんでした。ところが、彼らは生活水準の高いヨーロッパに居すわり、家族まで呼び寄せました。しかも、イスラム教は避妊を禁止しているため、どんどん子どもが生まれる。すぐに二世、三世が移民先で生まれ、移民だけのコミュニティーを作っていく。

たとえばフランスにやってきた移民は、「今さらアルジェリアには戻れない」となります。しかし、フランスで生活するからといって、イスラム教徒はフランスの価値観や文化をなかなか受け入れようとしません。女性のスカーフ着用など、あくまでもイスラムの伝統に従って生活していました。

こうした価値観や文化の違いから、フランスに根を下ろしたイスラム教徒の移民たちと、フランス人との間で少しずつ軋轢が生じ始めました。

そして、1980年代に入ると、ジャン＝マリー・ルペンという政治家が脚光を浴びるようになります。反EU、反移民を唱える民族主義政党「国民戦線」の創始者で、娘が現党首のマリーヌ・ルペンです。彼は白人至上主義なので、反イスラムであり、反ユダヤ。完璧な排外主義者でした。

国民戦線は「景気低迷で仕事がないのに、どんどん移民は増えていく。移民がフランス人の仕事を奪っている」というフランスの低所得者の不満を代弁します。

でもその頃は、「移民排斥」などを唱える人物は、いわゆる「極右」の扱いで、支持する人は少数派でした。一般的なフランス人は、「ルペンのいうことは極端すぎる」という評価で、大統領選挙に出ても泡沫候補にすぎなかったのです。

結局、親父のルペンは一般国民の支持を得られないまま、娘のルペンに引退させられますが、彼が唱えた思想はヨーロッパ各国で支持を広げていきました。その背景には、北アフリカやトルコなどからの移民の流入があったのです。

Q48 「極右政党」がこれほど熱狂的に支持されるのはなぜか?

フランスの「国民戦線」を筆頭に、大手メディアが「極右政党」のレッテル貼りをする民族主義政党が、ヨーロッパ各国で一定の支持を集めていきます。

なぜ、風向きが変わり、ヨーロッパの人たちは内向きになってきたのでしょうか。

フランスの場合でいえば、「国民戦線」という政党自体が洗練されてきたことが要因のひとつです。娘のマリーヌ・ルペンが党首の座を継いでから、中道路線に舵を切り、声高に「外国人排斥」などとは主張しなくなりました。代わりに「フランス人の雇用不安を解消しないまま不法移民を受け入れてはいけない」と穏やかな物いいをしています。主張していることは、アメリカのトランプと変わりません。

また、マリーヌ・ルペンの「働く女性」のイメージも功を奏して、「極右」のイメージをマイルドにすることに成功したといえます。

このように国民戦線の過激なイメージが少し変わってきたことで、これまで「極右」を毛嫌いしてきた女性や若者の間で支持を広げることに成功したのです。

「極右」の支持が広がる決定的要因となったのは、シリア難民の大量流入です。

フランスにはすでに、北アフリカ系の移民がたくさん住んでいましたが、２０１５年以降、シリア難民が合流しました。その中にはＩＳ系の工作員が紛れ込み、前からフランスに住んでいた北アフリカ系の移民の二世や三世に、「ＩＳで一緒に活動しないか」とさかんに勧誘活動をしていたようです。

ＩＳはリクルート戦略に長けています。対面での勧誘に加え、インターネットも駆使して「キミたちも十字軍と闘う勇敢なイスラムの戦士になれる」などと巧みに宣伝活動をしていたのです。

フランスで仕事も得られず、「二流市民」のように扱われてきた移民系の若者たちが、鬱屈した心情を胸にＩＳに傾倒していったようです。フランスからＩＳに参加した人のほとんどは、実はフランス生まれの移民の二世や三世でした。

彼らがＩＳに参加していったのは、経済的な困窮だけが原因ではありません。「心」の問題も大きかったはずです。父や祖父は貧しさを解消するという明確な目的をもってフランスに出稼ぎにやってきた。けれど、自分たちはフランスで生まれ育ち、フランス語しか話せないのに、世間からはまっとうなフランス人として扱われない……。

こうして自分の存在意義に疑問をもつ若者の心のすき間に、ＩＳはスッと入り込んだのです。

日本でもかつて、学歴が高く、優秀な若者たちがオウム真理教に入信し、結果的に数々の事件を起こしましたが、構造は同じ、心の問題だと思います。

フランスと同様のことが、他のヨーロッパの国々でも起こっています。日本人ジャーナリストの後藤健二さんを殺害した黒マスクの男（ニックネームはジハーディ・ジョン）は、ロンドンにいた若者で、もともとはラップミュージシャンとして活動していたとされています。彼をはじめ、多くのヨーロッパ生まれの若者がＩＳにリクルートされていきました。

パリやブリュッセル、ロンドンなどヨーロッパの各地で一般人を狙ったテロが断続的に発生していますが、それらの実行犯の多くは、ヨーロッパで生まれ育ち、ＩＳに参加した若者です。シリア難民の増加に便乗する形で、ＩＳがヨーロッパの若者を凶悪なテロリストに仕立て上げ、社会を恐怖に陥れている。そうした背景から、移民排斥の声が大きくなり、各地で「極右」政党が支持を伸ばしているのです。

Q49 「経済成長のための移民受け入れ」は正しいのか？

ヨーロッパの移民問題は、日本にとっては格好の教訓となります。日本は人口減少によって働き手が不足し、経済が低迷すると予測されています。そこで専門家や政治家の一部は、「移民を受け入れればいい」と主張します。

しかし、ヨーロッパの現状を見れば、そうした議論がいかに浅はかかがわかります。ヨーロッパの国々は、「移民は短期滞在に限る。滞在できるのは本人だけで家族は呼んではいけない」といったルールを初めからつくっておくべきでした。

「移民大国」であるアメリカでも、ヨーロッパと同じような問題が起こっています。アメリカは出生地主義なので、国籍を取得するのは簡単です。つまり、アメリカ国内で生まれた子どもは、自動的にアメリカ人になれる。だから、不法移民であっても、アメリカで子どもをつくれば、その子はアメリカの国籍を得られるのです。

今、中国からの不法移民が増えていて、カリフォルニアには中国人の妊婦ばかりが住んでいるマンションまであります。中国で妊娠し、子どもを産むためだけに、アメリカにやってくる。そこまでして、中国人は子どもにアメリカ国籍を取得させたいのでしょう。アメリカでは今、大問題になっています。

その点、シンガポールという国は徹底して移民を制限しています。もともとシンガポールは中国系移民がつくった国なのですが、「出稼ぎ労働者の女性は妊娠したら即帰国させる」などの規定をつくり、新規参入の移民が増えないようにしているのです。

「移民を受け入れるなら、厳格なルールをつくっておくべきだ」ということは、ヨーロッパの失敗から学ぶべき教訓だと思います。

Q50 フランスのマクロン大統領誕生は何を意味するか？

2017年5月、フランスの大統領選が行われ、中道左派で若き実業家のエマニュエル・マクロンと「国民戦線」のマリーヌ・ルペンの決戦投票となりましたが、マクロンが66・1％の得票率で、ルペンを破り、大統領に就任しました。

この選挙結果をどう見るべきでしょうか、そしてEUの将来にどのような影響を及ぼすでしょうか。

物事は一直線には進みません。ある方向に振れると、必ず揺り戻しがあります。ブレグジット（イギリスのEU離脱）という極端な方向に振り子が振れたあと、イギリス世論自体に動揺が広がりました。「もっとよく考えるべきだった」と。他の欧州諸国民は、ブレグジット後のイギリス経済のゆくえを見極めてから、方針を決めるのでも遅くはない、と考えたのは当然でしょう。

フランスはアメリカと似て、理念や理想を国是とする国です。フランス革命で掲げられた「自由・平等・博愛」を受け入れた者であれば、人種や民族を問わず受け入れられ、「フランス人」になれるのです。フランス在住の移民たちが受け入れられないのは、彼らがアラブ人だからではありません。フランスの建国理念とはまったく異質な、イスラムの価値観を捨てないからです。この点が、血統重視の民族共同体であるドイツとの決定的な違いです。

したがってフランスの政治家は、リベラルな理想主義者が多くなります。その方が、世論の受けがいいからです。２０１７年の大統領選挙に無党派で出馬し、既成の大政党や国民戦線のマリーヌ・ルペンを制して大統領に選出されたマクロンは、まさにリベラル理想主義者です。エリート教育を受け、ロスチャイルド系の投資銀行に就職というサラブレッドで、24歳年上の高校時代の女性教師との略奪婚という派手な経歴をもつマクロンですが、彼の主張は基本的にグローバリズムであり、ＥＵの官僚たちや財界が喜びそうなものばかりです。

彼の政治団体「前身」は政治の素人集団であり、官僚を統制することはできないでしょう。結局、問題は先送りされただけで、目新しさがなくなれば、支持率は急落すると思います。失望した世論は、再び国民戦線へと向かうでしょう。

Q51 それでも移民受け入れをやめないのはなぜ?

ヨーロッパの移民問題には、EU圏外からの移民が引き起こす問題のほかに、もうひとつの側面があります。

EU圏内での移民、つまり、元共産圏だった東ヨーロッパの貧しい国々や財政破綻の危機が慢性化しているギリシアなどからの移民によって生じている問題です。経済水準が低い国から、西ヨーロッパの国々に出稼ぎにやって来る人がたくさんいることも深刻な問題をはらんでいるのです。

基本的に、東ヨーロッパやギリシアからやってくる移民の流れを食い止めることはできません。すでにEUに加盟して、**「シェンゲン協定」**を結んでいるからです。これは、EU域内の人や物の移動の自由に関する協定で、国境線をなくすことを意味します。だから、出稼ぎをしたい移民はパスポートがなくても、フリーパスで仕事を求めて移動ができるのです。

そうした状況のしわ寄せをくらうことになるのは、フランスやイギリス、ドイツなど移民を受け入れる豊かな国々の労働者層です。ただでさえ、ＥＵ圏外からの移民によって安全な生活が脅かされ、職も奪われている。それに加えて、ＥＵ圏内からも職を求めて移民がどっと押し寄せてくるわけですから、国民が不満を抱えるのは当然。

ＥＵはシリア難民の急増が政治問題化したことを受けて、一部を強制送還したり、新たに入ってくる移民の受け入れを一時ストップしたりするなど対策に乗り出しましたが、根本的な解決には至っていません。補助金を出してシリア難民をトルコに引き取ってもらうなど、その場しのぎの対応に終始しています。

実際には、ヨーロッパに入りたい難民はまだ山ほどいますから、移民・難民問題の火種は、これからもくすぶり続けることになるでしょう。

ここで、ひとつ疑問が生じます。

なぜ、ＥＵはこれまで「移民受け入れをやめる」と決断することができなかったのでしょうか。不思議ですね。

実は、移民を受け入れることによって懐が潤う人たちがいるからです。それは、どこの誰でしょうか。

答えは、経済界、産業界です。とりわけドイツの輸出産業が移民の受け入れに賛成してきました。移民は、安価な労働力の供給源となるからです。彼らは営利企業ですから、自分の会社が儲かることが最優先。一般のドイツ人が移民の受け入れによってデメリットを被っていることについては、見て見ぬふりをしてきたのです。

そうなると、経済界をスポンサーとしている大手メディアが移民に賛成のスタンスをとることも、ドイツの経済界が支持している今のメルケル政権が移民に寛容であり続けたことも、納得がいきます。実際、メルケル首相は移民受け入れを推進し、2015年には110万人もの難民を受け入れました。

経済面でEUを牽引するドイツが移民に積極的であれば、他のEU加盟国は追随せざるを得ません。EUが移民受け入れをやめられない背景には、ドイツ経済界の存在があったのです。

その後、ドイツ国内でのISによるテロや犯罪の増加などを受けて、さすがに国民からも「移民排斥」の声が上がり、極右の政党が支持を集め始めました。それでも、メルケル首相は今後も移民賛成のスタンスを貫くしかありません。政権を支持してくれている経済界が移民賛成を歓迎しているのですから。

Q52 「ユーロ危機」後もギリシアが見捨てられないのはなぜか？

ＥＵは、移民問題と同じくらい深刻な問題を抱えています。統一通貨「ユーロ」の価値が下落したままであることです。

２００９年、ギリシアの財政赤字の危機的実態が判明し、ユーロの信用が一気に低下しました。ギリシアの国家財政が破綻し、債務不履行（デフォルト）となる不安から、ギリシア国債が暴落し、それにつれてユーロも下落したのです。これを「ユーロ危機」といいます。

ユーロ危機前は１６０円を超えていたユーロが一時１２０円を割り込み、しばらく低迷。２０１７年現在も１２０円前後で推移しています。

ユーロ危機の引き金となったギリシアは、ＥＵの問題児です。それにもかかわらず、なぜＥＵはギリシアを見捨てずにいるのでしょうか。

理由のひとつは、ギリシアの地政学的重要性。19世紀以来、イギリスやアメリカ、ロシアとの間で駆け引きの舞台となってきたこと。東地中海に突き出た位置にあるギリシアを重要視しているロシアと、ロシアの進出を食い止めたいEUの間で綱引きをしているため、問題児であってもギリシアを支援せざるを得なかったのです。各国が争奪を繰り返す、「地中海の朝鮮半島」ともいえるのがギリシアです。

もうひとつ、EUがギリシアを手放せない理由があります。

その核心に迫るために、「通貨の価値が何で決まるか」について、考えてみましょう。

お金は紙切れにすぎませんよね。

なぜ、ただの紙切れに価値があるのでしょうか。

もともと紙幣は、金貨や銀貨と交換していたのです。

「紙幣○枚と金貨○枚を交換しよう」という具合に取引が成立していました。つまり、金貨が本当のお金で、紙幣は「交換券」だったのです。これを**「金本位制」**といいますが、そうした時代が長く続き、第二次大戦後は金と交換できる米ドルが、貿易決済で使われてきました。

ところが、１９７１年、この金ドル本位制が突然、終焉を迎えます。

当時、世界でいちばん金持ちだったアメリカが、貿易赤字国に転落します。日本やドイツの自動車をアメリカ人がたくさん買ってしまったから、その代金を払う必要が生じたのです。それまで金とドルを交換する金本位制で取引していたわけですから、当然、日本やドイツの自動車会社は代金を金で請求します。その結果、アメリカが貯め込んでいた金《ゴールド》が、東京やドイツのフランクフルトに流出し、底を突きそうになったのです。ドルの価値を支えてきた金《ゴールド》が、他国に流出するのはアメリカにとって一大事です。

そこで、当時のアメリカ大統領のニクソンは突然、「今日から金《ゴールド》とドルの交換をやめる」と宣言しました。世界の経済秩序を変革する大きな決断を他国に知らせずに、突然実行したわけですから、まさに「反則技」です。こうして金ドル本位制は突如終わりを迎えました。これを**「ニクソンショック」**といいます。

このニクソンショック以降、金との交換が停止されたドルの価値は、何で決まるのか。アメリカは貿易赤字を続け、手持ちの金はほとんどないにもかかわらず、経済破綻することなく世界中で戦争を行うことができた。

なぜでしょうか。それは、金本位制の終焉後、ドルが価値をもっていたからです。流通量と信用の点で他の通貨を圧倒していたからです。基軸通貨として世界中で流通していたから、ドルは価値をもつことができたのです。

たとえば、仮にあなたがアラブの富豪で、油田を所有しているとします。このとき、アフリカのジンバブエ共和国が「石油を買いたい」といってきた。そして、「代金はジンバブエ・ドルで払う」と。あなたなら、どうしますか？　ジンバブエ・ドルを受け取りますか？

ジンバブエという国について、少しでも知識がある人であれば断るでしょう。「ドルで払ってほしい」というのが本音のはずです。

なぜなら、ジンバブエ・ドルは暴落を続けた通貨だからです。ジンバブエは最貧国のひとつで、1米ドルが1京《けい》ジンバブエ・ドルというハイパーインフレになって経済は破綻しています。「京」は「兆」の1億倍です。そういう超高額紙幣をやっと1ドルと交換してもらえるジンバブエ・ドルは、紙くずです。

通貨が紙くずになってしまうということは、財政破綻を意味します。国家が財政破綻するということは、企業にたとえれば倒産です。倒産しかかっている企業が発行する株式を誰が買うでしょうか。それと同じです。

その点、アメリカという国家が財政破綻することは考えにくい。もちろん多少の不安はあるけれど、他の通貨に比べれば、ドルは世界中で出回っていますから。

たしかにアメリカは多額の借金を抱えていますが、一方でアメリカが発行する国債（借金証書）は必ず売れます。アメリカの同盟国が分担してアメリカの国債を引き受けてくれるから、アメリカはいくら借金をしても大丈夫なのです。

財政破綻するリスクがきわめて低いということは、ドルが暴落する心配もありません。世界中の国がアメリカを見限って、「アメリカ国債はもういらない」といえば終わりですが、現実的にはその可能性はほとんどないでしょう。だからこそ、米ドルは金本位制をやめたあとも、価値をもち続けることができたのです。


ちなみに、アメリカの国債を最もたくさん買っているのは、日本です。近年、中国が日本を上回る時期もありましたが、最近は中国経済が下り坂のため、保有するアメリカ国債を売ってドルを調達しています。したがって、今は日本が逆転して、再びトップの座に返り咲きました。

では、なぜ日本はアメリカの国債をそんなに購入しているのでしょうか。

敗戦国で「子分」になったから逆らえないという面もありますが、いちばんのポイントは「安全保障」です。北朝鮮や中国の軍事的挑発にさらされている日本にとって、日米安保条約のもと、世界最強のアメリカ軍がバックについてくれることほど心強いことはありません。米ドルの信用を支えているのは、米軍の軍事力なのです。

アメリカが「世界の警察」の役割を果たしているうちは、日本をはじめ世界中のアメリカの同盟国がアメリカ国債を買うのです。逆にいえば、アメリカが「世界の警察」をやめたら、同盟国は国債を売りに走り、ドルは暴落することになる。そういう意味では、アメリカが完全に「世界の警察」をやめるというシナリオは考えにくいのです。

Q53 ヨーロッパ経済でドイツ独り勝ち、本当の理由とは？

話を戻しましょう。なぜEUは、ユーロ危機の引き金となった問題児・ギリシアを見捨てないのでしょうか。

ユーロという通貨を中心となってつくったのは、フランスとドイツです。両国とも先進国ですから、フランスの発行するフラン、ドイツの発行するマルクが紙くずになるとは誰も考えません。すると投資家たちは、「両国が一緒になった通貨の価値はもっとアップするはずだ。ユーロで請求代金を受け取ってもいいだろう」と考えます。

ところが、ユーロ発足後、経済力の乏しい東ヨーロッパの国々が続々とEUに加盟。2001年にはギリシアもユーロを導入します（EC加盟は1981年）。

すると、投資家たちのユーロを見る目が変わります。「ユーロは本当に大丈夫か？」と。ギリシアは事実上10年おきに財政破綻してきた国です。もともとドラクマという自国通貨が流通していましたが、財政破綻を繰り返すような国の通貨の信用などゼロです。「ドラクマで代金を支払う」といっても、相手に受け取ってもらえない状態でした。

ギリシアとしては、紙くず化したドラクマを捨ててユーロを導入することは、通貨価値が上がるわけですから大歓迎。

しかも、ギリシアは大嘘をついていました。

巨額の財政赤字を抱えていたにもかかわらず、ユーロ導入時にはその事実を隠していたのです。国家ぐるみで粉飾の報告書を提出したのが、あとでバレてしまった……。企業だったら、すぐに倒産してもおかしくない愚行です。

ユーロはギリシアという「不良債権」を抱え込んでしまったのです。その結果、ギリシアの存在が、ユーロの信用そのものを傷つけることになってしまいました。

たとえば、ミカンをダンボールごと買ったとします。箱はキレイにパッケージされているけれど、開けてみたら、中に1個だけカビだらけのミカンが入っていました。するとミカンを購入した人は、「他のミカンも傷んでいるだろう」と箱ごと返品するでしょう。同じようなことが、ギリシアを抱え込んだユーロでも起きてしまったのです。結果、ユーロは一斉に売られ、大きく価値が下落。これが、**「ユーロ危機」**の顛末です。


他のユーロ加盟国にとっては、大変な迷惑です。せっかくユーロを導入したのに、下落してしまったわけですから。

ところが、ユーロが下落したことを喜んだ人たちがいます。

ドイツの経済界です。

EU加盟国でいちばんの輸出大国はドイツです。通貨が安くなることは石油など輸入品が値上がりするわけですから、デメリットが多い。逆に、輸出面ではメリットになります。特に、品質の高い工業製品を海外で売りまくっているドイツの輸出企業にとって、ユーロ安はドイツ製品が安くなることを意味しますから、海外市場でよく売れる。

つまり、輸出大国のドイツは、ユーロ安によって国が潤うのです。移民・難民の受け入れによってドイツ産業は潤い、ユーロの暴落でもドイツ産業は潤う。いい方は悪いですが、ドイツ（正確にはドイツの産業界）は他人の不幸で儲かっているのです。

ユーロ危機によってヨーロッパ経済が低迷している中、ドイツだけ独り勝ちの状態が続いてきたのには、こうした背景があります。

だから、ユーロが下落してもドイツ経済界はいっこうに気にかけませんし、メルケル首相も静観を決め込んでいられます。

ギリシアもそうした構図がわかっているから、強気に出てきます。

「ギリシアのせいでユーロが暴落したが、そのおかげでドイツは儲かっているじゃないか。だから財政支援をしてくれ」というわけです。ドイツは何度もギリシアに金融支援をしていますが、その財源はドイツ国民が支払った税金です。

大量の難民受け入れとユーロ安は、ドイツの国民には負担を強いることになります。

産業界とメルケル政権が甘い蜜を吸っている状況を、いつまでドイツ国民が我慢できるか。その点は注目しておくべきでしょう。

Q54 イギリスの「EU離脱」はなぜ起きたか？

ドイツだけがおいしい思いをしている状況を、他のEU加盟国は苦々しい心地で見ています。移民問題やユーロ安ですでに実害も出ているわけですから。だから、フランスのマリーヌ・ルペンのような民族派は「EUから離脱すべきだ」と訴え始めています。

一方で、ドイツなしのユーロは考えられないのも事実。ドイツの経済力があるから、ユーロの存在価値を保持できているのです。二律背反の状況なのです。

そんな中、2016年6月、イギリスは国民投票を実施し、EUから離脱することを決めました。イギリスの決断は、EUはもちろん、世界に衝撃を与えました。

そもそもイギリスはEU離脱を問う国民投票を実施する必要はなかったのです。

なぜなら、EU統一市場には入ったものの、通貨に関しては、イギリスはユーロを導入していません。EUには加盟したけれど、独自通貨のポンドを使っているので、直接的にユーロ安の影響を受けることはないからです。

アメリカが世界の覇権を握る前の19世紀は、イギリスが世界一の超大国で、まさに

「イギリスの時代」でした。この時代、イギリスのポンドが世界の基軸通貨だったのです。その誇りと伝統を守るために、イギリスはユーロを導入しないという条件でＥＵに加盟しました。

しかもイギリスは、現在の安いユーロには何の興味ももっていません。イギリスは製業でドイツに抜かれてからは、金融業で生き延びてきたからです。つまり、金貸しです。金融業者は、海外の資源やビジネスに投資して配当金を得ます。たとえば、海外の油田に投資するときは、自国通貨が強いほうが安く買うことができます。そういう意味では、輸出で稼ぐメーカーが強いドイツとは逆のスタンスといえます。メーカーは通貨安、金融業は通貨高を歓迎するのは、世界共通の原則です。

今のイギリスは完全に金融国家なので、安いユーロに参加してもメリットはありません。むしろポンド高を維持したほうが世界中のいろんな資産に投資ができるのです。

移民問題に関しても、イギリスは国境線がフリーパスになる「シェンゲン協定」を締結していません。したがって、自由に移民が入ってくることはないのです。

ただし、イギリスは旧植民地の国々から過去にたくさんの移民を受け入れています。

ロンドンに行けば、インド系やアフリカ系の人であふれています。これ以上、新しい移民を受け入れられないくらい飽和状態なのです。

つまり、イギリスはユーロ安でも移民問題でも、大きなデメリットを被っているわけではありませんでした。少なくとも国民投票を実施した時点では、EUから離脱するという強硬策をとるメリットなどなかったのです。

Q55 なぜキャメロンは国民投票を実施したのか？

では、なぜイギリスは国民投票を実施することになったのか。

それは、当時のイギリスのキャメロン政権に対して、EU側（実質的にはドイツ）が、「イギリスはもっと責任を果たすべきだ」とプレッシャーをかけていたからです。

「EUのいいとこ取りばかりするな。もっと移民を受け入れて、EU予算の分担金ももっと出すべきだ」

と、メルケルに、ネチネチといわれていた。実際、EUに入っていれば、イギリス製品の関税はゼロになりますから、イギリスの製造業は巨大なヨーロッパ市場に自由にアクセスできる。これは大きなメリットです。移民も受け入れず、ユーロも導入していないにもかかわらず、EU統一市場では自由にビジネスをしている。「イギリスはおいしいところ取りをしている」というEU側の主張にも一理あります。

業を煮やしたキャメロン政権は、ドイツを黙らせるためにひとつの賭けに出ます。「そんなことをいわれても、国民はEUに反対している。国民の意思を示しますよ」といって、国民投票を実施することを決めました。「メルケルのいいなりにはならない」という意思を示す「道具」として国民投票を使ったのです。

このとき、キャメロンはたかをくくっていました。「国民投票をしても、EU離脱派は4割くらいだろう」と。

ところが、ふたを開けてみたら、EU離脱派が過半数（約52％）を取ってしまった。イギリス生まれの非白人、つまり移民の2世、3世がISに入り、ロンドンでテロ事件を起こすなど「反移民」の世論が高まっていたこと、そして出口の見えない経済低迷や失業問題などが、イギリス社会に暗い影を落としていたことで、これ以上の難民受け入れはもう我慢できないという国民が多かったのでしょう。

EUに残留するつもりだったキャメロンにとっては予想外の結果でしたが、自ら蒔いた種です。世論を火遊びに使って火傷をしたわけです。

Q56 なぜドイツだけ「極右政党」が台頭しないのか？

国民投票でEU離脱の意思が示されると、キャメロン首相は責任をとって辞任。その後、同じ保守党のテリーザ・メイ首相があとを引き継ぎ、粛々とEU離脱の交渉を進めています。

では、イギリスのEU離脱は、どのような影響を及ぼすことになるでしょうか。大きなところでは2つ。ひとつは、他のEU加盟国への影響。もうひとつは、イギリス国内に波及する問題です。

まずは、他のEU加盟国へ与える影響について見ていきましょう。

イギリスのEU離脱を受けて、当然ながら「われわれの国もEUから離れよう」という勢力が台頭してきます。フランスの国民戦線を率いるマリーヌ・ルペンはその代表。彼女が、イギリスの国民投票の結果に勇気づけられたのは、間違いありません。

他にも、デンマークなどは移民増加による失業問題などで国民の不満が高まっており、移民の国外追放を求める国民党が政権の一角を占めています。また、オランダでは2017年の選挙で、「オランダのイスラム化阻止」を掲げるヘルト・ウィルダースの自由党が第三党になりました。イギリスに続く国が出てきてもおかしくない状況です。

そうすると、いわゆる「先進国」の中でEUに残るのは、ドイツだけになる可能性もゼロではありません。残りは、ドイツにすがって生きていくしかない、イタリアやスペイン、ギリシア、東ヨーロッパの国々ばかり……。現在でもEUは**「ドイツ第四帝国」**と揶揄されていますが、今後ますますドイツ帝国化が進展することになります。

たとえそうなったとしても、ドイツの経済界はまったく困りません。ドイツ一強になれば、ますます移民が入ってきて、ユーロ安は進む。そうなれば、ドイツの経済界は潤う結果となるからです。

しかし、ドイツ国民が、そうした経済界一人勝ちの状況をどこまで我慢できるか。大量難民受け入れで治安は悪化し、失業も増えるわけですから。

ドイツでもフランスのマリーヌ・ルペンに似た政治家が出てきています。「ドイツのための選択肢」という政党の党首・フラウケ・ペトリーです。反EU、反移民を掲げる小さな政党ですが、若い女性がリーダーということもあり、支持を集めています。

ただ、ドイツの場合、右派政党は難しい環境にあります。移民の受け入れ反対運動は、ナチスを連想させることもあって、すぐにネオナチ扱いされます。第二次大戦の反省もあって、ナチスについては無条件で批判しなければならない風土があります。最近までヒトラーの『我が闘争』が出版禁止だったほどです。そういう意味では、フランスやイタリアなどと比べて、ドイツは「言論の自由」が制限された国といえます。そうした制限の中で、ペトリーがどこまで支持を伸ばせるか、という点は注目です。

Q57 ポピュリズムは、本当に悪なのか？

最近はヨーロッパの選挙が近づくたびに、**「ポピュリズム」**という言葉がニュースで報道されるようになりました。アメリカのトランプやフランスのマリーヌ・ルペンのイメージが強いからか、「ポピュリズム＝悪」という文脈で語られることが多いように感じます。本当にそうなのでしょうか。

ポピュリズムは「大衆迎合主義」などと訳されますが、本来は、既成の権力や富裕層の支配に対して、力のない民衆が立ち上がって指導者を選び、既成の秩序をぶっ壊していく現象のことをいいます。

こうした現象は、民主主義の機能する国では、どこでも起こり得るもので、歴史的に何度も繰り返されてきました。

時代をさかのぼると、古代ローマでもポピュリズムは起きています。古代共和制ローマ期の軍人・政治家であるカエサルもポピュリズムの申し子といえるでしょう。貴族層の牙城であった元老院はまさに既得権益の塊ともいえる存在。彼はその元老院と闘うことで民衆から熱狂的な支持で迎えられ、結果、独裁政治を実現しました。

ある意味、ナポレオンもポピュリストです。ナポレオンはフランス革命後の混乱を収拾し、国民投票を経て、皇帝になっています。独裁者ではありますが、まさに民衆の味方でもありました。

アメリカにも、ポピュリストといえる大統領が何人も誕生しています。

たとえば、19世紀前半に大統領を務めたアンドリュー・ジャクソンは、民主党創設のキーマンとなった人物。彼は北部の金持ち（銀行家）と戦うと宣言し、民衆から熱狂的な支持を受けて大統領に就任しました。ですから、アメリカの民主党は「ポピュリスト集団」としてスタートしたのです。

しかし、ウィルソン大統領以降の民主党が、金融資本に乗っ取られたことは1章で述べた通りです。その結果、民主党と共和党の立場は逆転し、共和党のほうがポピュリズム寄りの政策をとるようになっています。

ロシアのプーチン大統領も、ポピュリストといえるかもしれません。「ソ連崩壊後に国を乗っ取った新興財閥や外国資本と戦う」と宣言して、ものすごい人気を保っているわけですから。

このように、ポピュリズムは歴史的に見ても、決してめずらしいものではありません。ある意味、ポピュリズムは究極の民主主義です。民主主義は数が多いほうが強いのですから、金持ちでなくても、熱狂的に支持してくれる民衆がたくさんいるポピュリストは、堂々と権力を握ることができます。

ポピュリズムを否定することは、民主主義の否定になりえます。少数の賢いエリートが国を率いればいいという話ですから。そういう意味では、ポピュリズムを批判する人は、自分が賢いエリートだと自負しているともいえるのではないでしょうか。

Q58 「反グローバリズム」の勢いが衰えているのはなぜ？

2017年6月に行われたフランスの総選挙では、大統領選で勝利したマクロン大統領が創設した新党が過半数を獲得。一方で、マリーヌ・ルペンが率いる極右政党「国民戦線」は伸び悩み、1けたの議席獲得に終わりました。他国でも、右派政党は支持を伸

図４ **欧米諸国首脳の相関図**

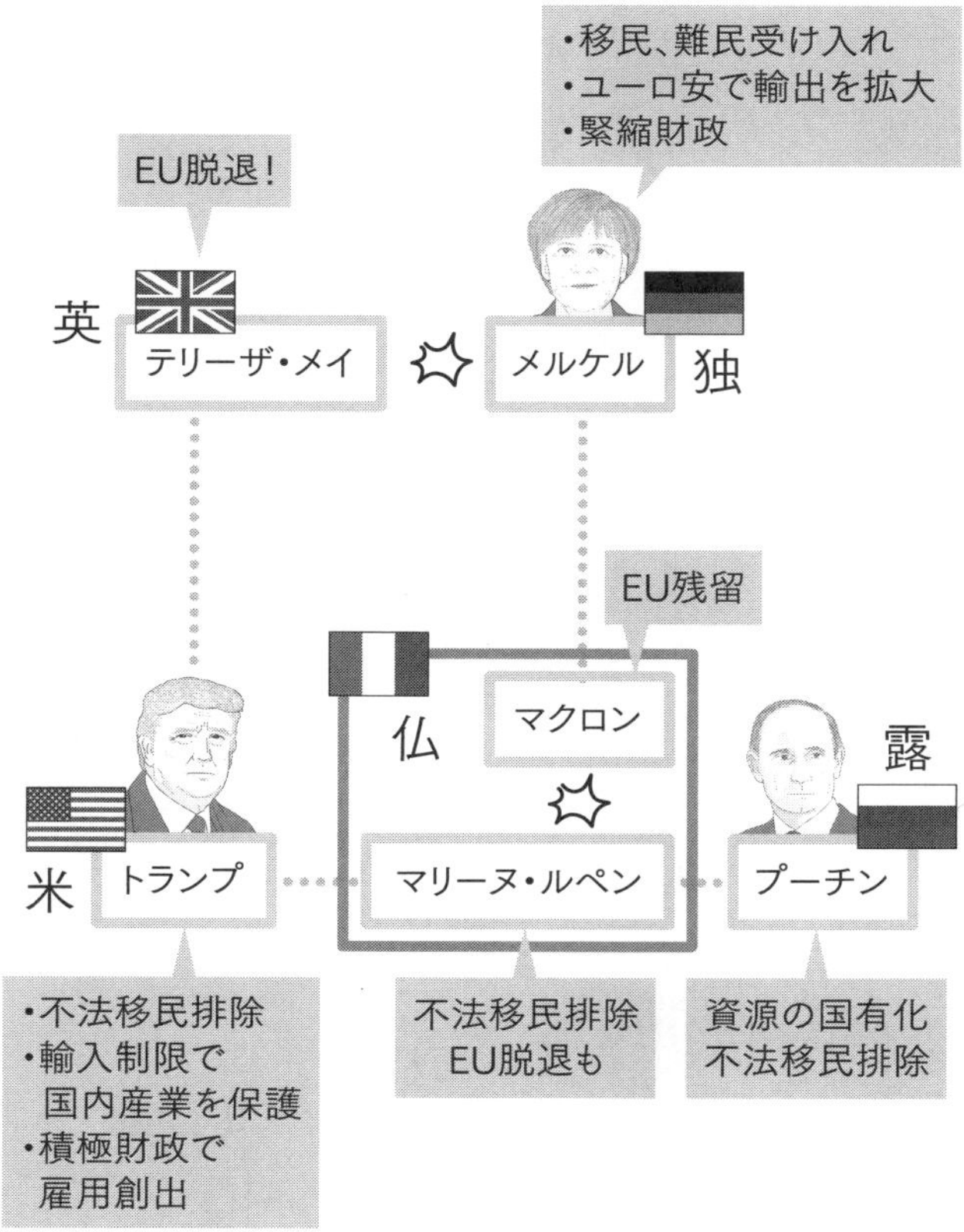

ばせていません。

アメリカでは、トランプ大統領の側近たちがロシアの工作活動に関与したという「ロシアゲート疑惑」が大々的に報じられ、日本では安倍晋三首相夫妻が私立学校の認可に便宜を図ったのではという「森友・加計《かけ》問題」が連日のように報じられた結果、いずれも支持率が30%台にまで急落し、政権運営に支障が生じるまでになりました。共通するのは、ほとんど全マスメディア、とくにテレビ局が総力を挙げてルペン叩き、トランプ叩き、安倍叩きを行い、一定の成果を上げたということです。マスメディアのスポンサーはグローバリズムを信奉する財界ですから、これらの国境線を守ろうとするナショナリストが邪魔なのです。

竹中平蔵氏らのグローバリストを側近として抱え、TPP推進など財界にすり寄る姿勢をとってきた安倍首相が突然、メディアから総攻撃されるようになったのは、2017年5月3日の憲法記念日に、「2020年までに憲法9条を改正する」と明言してからです。「衣の下に鎧《よろい》が見えた。やはり安倍は敵だ」となったのです。

世論は新聞がつくり、民主主義は結局、新聞などのマスメディアに動かされると喝破したのは、建国後まだ半世紀のアメリカ合衆国を調査したフランス人トクヴィルでした。ネットの普及でマスメディアの力は今後、衰えていきますが、ネットで情報を得られない世代には、マスメディアの影響力はなお圧倒的なのです。今は、マスメディア全盛時代の最後の10年間だと思います。

Q59 イギリスがＥＵに加盟した意外な理由とは？

ＥＵ離脱がイギリス国内に波及する影響については少々深刻です。スコットランドの独立問題につながるからです。

イギリスというのは、次の４つの国の連合体のことをいいます。

・イングランド
・スコットランド
・ウェールズ
・北アイルランド

そもそも、イギリスという名の国はなく、正式には「連合王国」といいます。もともとは南のイングランドと北のスコットランドが合併してできた国です。

歴史をさかのぼると、1603年、イングランド王国のエリザベス女王（1世）が独身のまま亡くなり、跡継ぎがいなくなってしまいました。そこで、北のスコットランドの王様にイングランド王を兼任してもらうことになったのです。というのも、エリザベス女王の叔母がスコットランドの王室に嫁いでおり、血縁関係があったからです。

それ以来、スコットランド王がイングランド王を兼ねるという「同君連合」の形態が長らく続いていました。ところが、約100年が経った頃、1人の王が2つの国を往復するのは面倒だからと合併することになりました。

こうして、18世紀初頭に「連合王国」が生まれたのです。イギリスを「ユナイテッド・キングダム（連合王国）」というのは、「イングランドとスコットランドの連合王国」という意味です。

ところが今、イングランドとスコットランドは独立問題で対立しています。

2014年にイギリスからのスコットランド独立の是非を問う最初の住民投票が行われ、賛成45％、反対55％で否決されました。

そもそもスコットランドは、なぜイギリスから独立したいのでしょうか。歴史を見てみましょう。

18世紀の両国の合併は、建前上は対等なものでしたが、実はスコットランドはイングランドの「国内植民地」のような扱いを受けてきました。というのも、スコットランドには大きな産業がありません。農業とスコッチウイスキーくらいです。一方、イングランドのほうは産業革命が起きて、経済的に大躍進します。

つまり現実的にはイングランドが産業革命で豊かになり、スコットランドにも公共投資などの形で還元されました。スコットランドはおこぼれにあずかることができたのです。

ところが、第二次大戦後、イングランドは植民地を失います。日本軍が東南アジアにあるイギリスの植民地を次々と解放し、大戦後はインドも手放すことになりました。世界覇権の座をアメリカに譲り渡すと同時に、イギリスは没落していきました。

こうした状況を見て、スコットランドは独立を志向します。「金の切れ目が縁の切れ目」というわけです。一方、広大な植民地を失って焦ったイングランドは、EC（EUの前身）に加盟しました。

実は、EU加盟は、スコットランドにとってもメリットがありました。スコットランドの主要産業といえば、ヨーロッパでもよく売れているスコッチウイスキーです。EUに加盟すれば、無関税でヨーロッパ各国に輸出できるので、スコットランドにとっては悪い話ではありませんでした。EU加盟はスコットランドの独立を抑え込むという効果もあったのです。

時は過ぎて、2016年のEU離脱が決まった国民投票。大きく分けてイングランドがEU離脱派、スコットランドと北アイルランドはEU残留派、という色分けが如実にあらわれていました。

スコッチウイスキーを無関税で輸出したいスコットランド人の多くは、EU残留に票を入れました。しかし、投票結果はEU離脱。大きな市場を失うことになるスコットランド人が「それなら連合王国から出ていく。EUから連合王国が抜ける権利があるなら、連合王国からスコットランドが抜ける権利もあるはずだ」といい出してもおかしくはありません。

Q60 「東アジア共同体」と沖縄独立問題の関係とは？

独立の気運が盛り上がれば、スコットランドは再び国民投票を実施して、イギリスからの独立の是非を問うことになります。前回はギリギリ否決されましたが、次回は可決される可能性が高い。もちろん、独立の法律的根拠にはなりませんが、EUの離脱と同じく投票結果が尊重されることになるでしょう。イギリスはEUを離脱することで、国家の統一を危うくするような大きな問題に再び直面することになるのです。

実は、今のイギリスが置かれた立場は、日本にとっても参考になります。

かつて首相を務めた鳩山由紀夫は、「**東アジア共同体**をつくろう」という構想をもっています。簡単にいえば、EUのアジア版みたいなものです。

仮に、鳩山政権が長期政権となって、東アジア共同体を実現。日韓中が市場統合し、統一通貨ができたとしましょう。

すると、何が起こるでしょうか。

まず、巨大な中国市場にフリーアクセスできますから、日本の輸出産業は儲かります。それから、人民元と日本円が統合されたら、米ドルやユーロに並ぶ強力な通貨になる可能性があります。

メリットだけではありません。代わりに中国系移民が大量に日本にやってきます。現在の日本は移民に対して世界最高水準の厳しい規制を敷いていますが、それでも、東京のコンビニにはカタコトの日本語を話す外国人がたくさんはたらいています。もし国境がフリーパスになれば、今の比ではありません。日本全国津々浦々、中国語が飛び交うことになります。

「もしも」の話は、まだ続きます。中国人に職を奪われる格好となった日本人の多くが不満を感じ、「東アジア共同体から出ていくために国民投票を実施しよう」という声が強まるでしょう。

ところが、日本の一部の都道府県、たとえば沖縄県が「東アジア共同体に残りたい」と反対します。「中国市場で泡盛《あわもり》が売れているのに、東アジア共同体から離脱すれば、関税がかかって競争力を失う」という理屈です。そして、とうとう沖縄が日本から独立するといい出す……。スコットランド独立問題とは、こういうことです。

もちろん、現実にはあり得ない話ではありますが、日本の将来を本気で考えるなら、さまざまなシナリオを想定しておく必要があります。

イギリスと日本は共通点がたくさんあります。島国であり、独立以来、他国に統合されたことがほとんどない。日本も第二次大戦には敗れましたが、長く独立国家を保ってきました。したがって、イギリスが歩む道というのは、日本にとっての絶好のお手本になります。いい意味でも悪い意味でも、イギリスの動向から学ぶべきだと思います。

Q61 プーチンはなぜこれほど強硬的な外交なのか？

次に、ＥＵとロシアの関係に目を向けてみましょう。

２０１４年に発生した**ウクライナ紛争**以来、ヨーロッパとロシアの対立関係は激しさを増しています。ヨーロッパの東端に位置するウクライナ領のクリミア半島の独立問題にロシアが介入し、ロシア領として編入してしまいます。それに対抗して、ＥＵやアメリカが経済制裁を発動して対抗する事態になりました。２０１７年現在も、ＥＵとアメリカによるロシアへの経済制裁は続いています。

今後、ＥＵとロシアの関係はどうなるのか。それを展望するには、まずプーチン大統領の政治的スタンスを確認する必要があります。

ポイントは３つです。

ひとつめは、プーチンは基本的に、反グローバリズムのナショナリスト（民族主義者）であること。ロシアは資源大国です。ロシアの財産である石油や天然ガスなどの資源は「外国企業には絶対に売り渡さない」というスタンスです。このように、自国に存在する資源を自国で管理・開発しようという動きを「資源ナショナリズム」といいます。

2つめは、「過去の栄光を取り戻す」ことへのこだわりです。ここでいう「過去の栄光」とは、ソ連（ロシア）が最も強く輝いていた時代、すなわち帝政ロシアやソ連のスターリン時代のことをいいます。

スターリン時代には、西はポーランドやバルト三国、ウクライナまで支配下に置き、ジョージア（グルジア）やアルメニアなどがあるコーカサス地方、さらにはカザフスタンやウズベキスタンなど中央アジアの国々もロシアの領土でした。東は北方四島を含む千島列島まで勢力を伸ばしていました。

これらの失われた領土を取り返す、あるいは現在のロシア領は絶対に手離さないというのが、プーチンの基本的な考え方です。

3つめは、ポピュリストの一面です。「自分は民衆の味方である。ロシア国内で暴利をむさぼる資本家とは断固戦う」という立場です。

愛国者であり、拡張主義者であり、ポピュリスト——。簡単にいえば、これがプーチンという人物の特徴です。

EU加盟国のポーランドとバルト三国は旧ロシア帝国領です。ソ連時代、バルト三国はソ連に再併合され、ポーランドにはソ連軍が駐留し、親ソ政権が立てられました。彼らがプーチンの拡張主義に感じている恐怖心は、本能的なものです。したがって、EUにとって最大の仮想敵は、ロシアなのです。

Q62 なぜロシアは積極的にシリアに関与するのか？

愛国者、拡張主義者、ポピュリスト——。こうした政治スタンスこそが、プーチンが国民に支持されている理由です。

したがって、どれかひとつでも崩れてしまうと、プーチンは政権を維持できなくなる。ということは、領土問題では絶対に譲りません。ウクライナ紛争でも、EUやアメリカを敵にまわしながらも、決して妥協することはありませんでした。

シリア問題にロシアが積極的に関わり、ISを激しく攻撃しているのも、プーチンの「拡張主義者」としての野望にもとづいています。

第1章でも述べましたが、シリアのISを叩き潰し、アサド政権の基盤を固めること

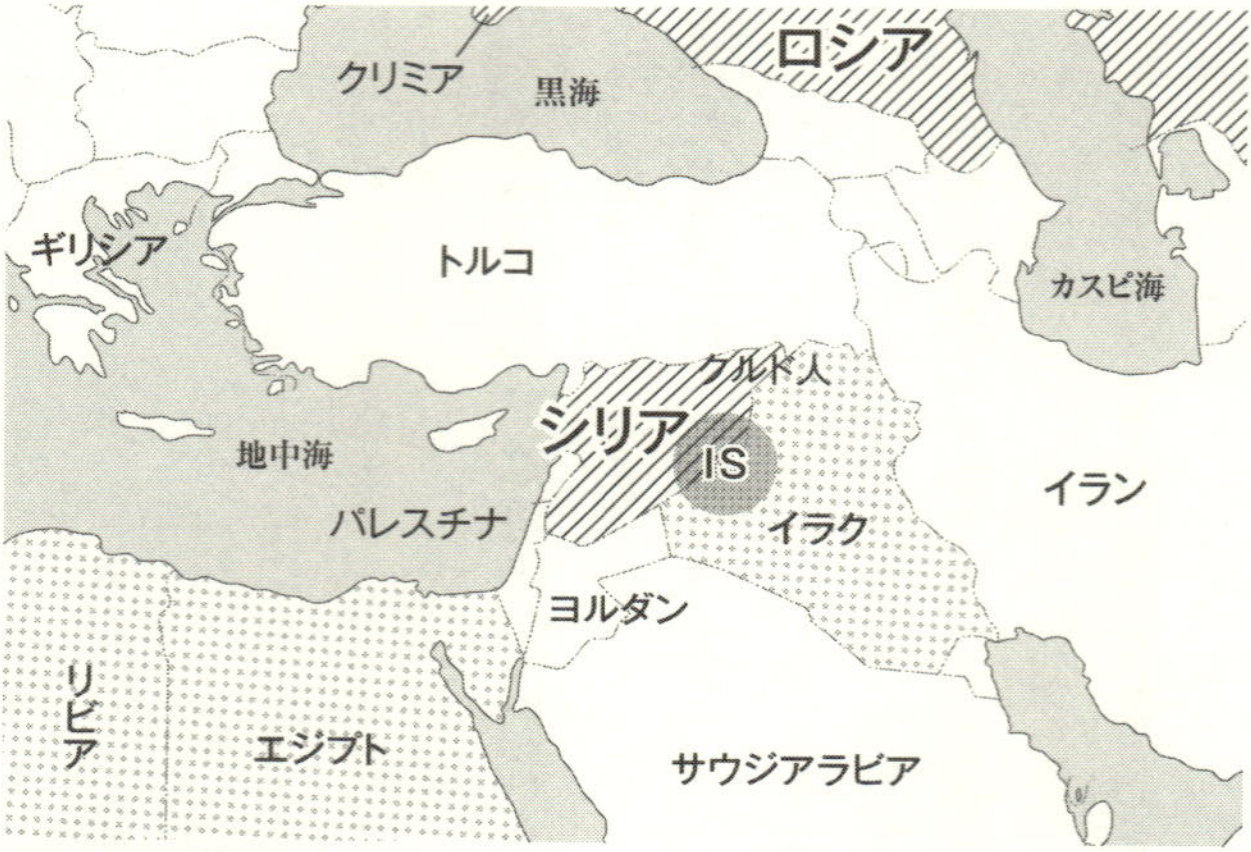

▲ロシアと中東諸国

は、中東に対する影響力をもう一度取り戻すことにつながります。

シリアは地中海に面していますから、ロシアは悲願の不凍港を自由に使うことができます。そしてプーチンは、シリアを足がかりにアラブの国々、とくにかつて旧ソ連圏だったイラク、エジプト、リビアなどをもう一度、支配下に置きたいという野望をもっています。もちろん、併合など手荒なことはできませんが、現在の親米政権を親ロ政権にひっくり返して形成を逆転したいでしょう。そうすれば、スエズ運河にもアクセスできますし、イラクを通ればペルシア湾に出ることも可能になるからです。これらがうまくいけば、ロシアは「過去の栄光」を取り戻し、プーチンは国民から熱狂的な支持を得られることになります。

ロシアにとってシリアは「過去の栄光」を取り戻すための足がかりになる。だからこそ、プーチンはシリアを脅かすＩＳの掃討に血眼《ちまなこ》になっているのです。

Q63 トルコが欧米から離れ始めている理由とは？

拡張主義者のプーチンが今、シリア以外に盛んにアプローチをかけている国があります。トルコです。トルコを押さえることができれば、地中海までフリーパスでアクセスできますから、不凍港を獲得する「南下政策」もやりやすくなります。

一方、ＥＵやアメリカから見れば、トルコはロシアを封じ込めておくための「防波堤」です。地中海にロシア海軍が進出してくれば安全保障上、きわめて都合が悪い。そこで、ＥＵやアメリカはトルコを味方につけようと多額の経済援助をしてきましたし、ＮＡＴＯへの加盟も認めました。トルコはＥＵ加盟を求め、欧米寄りのスタンスをとってきました。

しかし今、風向きが変わりつつあります。

トルコは、ＥＵやアメリカとの関係が悪化する一方で、ロシアとの関係強化に傾いています。歴史的に、ロシアとトルコが仲良くしていた時期はありません。常にロシアは不凍港を求めて南下し、トルコと衝突していましたから。ところが、近年、急速に両国は距離を縮めているのです。

このまま放置していると、いずれトルコがNATOから脱退し、ロシアと同盟を結ぶことになるかもしれない。ロシア軍がトルコ国内に駐留し、地中海ににらみを利かすという事態も、現実にあり得る話になってきているのです。

原因は、おもに2つ。

ひとつは、クルド人の問題です。

クルド人とは、トルコとイラク、イラン、シリアの国境地帯にまたがって暮らす少数民族。長い間、どこの国からも独立を認められず、「見捨てられた民」という立場に甘んじてきました。人口2000万人以上、国をもたない最大の少数民族として知られています。

クルド人の大多数はイスラム教のスンナ派ですが、一般的なスンナ派とは少々特徴が異なり、女性の地位が高い、女性が顔を隠さないなど「男女同権」の意識が強いという一面があります。アラブでは絶対にあり得ないことです。

これは、イスラムの教えに厳格で、『コーラン』を絶対視するISから見れば、異端に映ります。そこで、ISはクルド人の村を襲い、住民を殺害しまくりました。当然、クルド人も黙ってはいません。男も女も武器を手に取って、反撃を開始します。ISに関連するニュースでよく「クルド人武装組織」が脚光を浴びていたのは、ISと勇敢に戦っていたからです。

そのクルド人を利用していたのが、オバマ政権です。IS掃討に及び腰だったオバマ政権は地上軍を投入する代わりに、クルド人に武器を供与し、裏で支援していたのです。

それに対して、心中穏やかではないのがトルコです。トルコ国内にもクルド人が住んでいて、独立や自治権を求めるクルド人とトルコ政府との間では長年、武力紛争が続いてきました。ということは、クルド人がISとの戦闘を通じて国際社会で存在感を増すことは、トルコにとっては国家の分裂です。

国家をもたないクルド人にとっての悲願は、クルド国家をつくることです。「IS退治に協力したのだから、クルド人国家建設を認めてほしい」とクルド人が国際社会に訴えるようなことになれば、トルコ国内でのクルド独立運動が過熱し、内政が混乱しかねません。したがって、トルコの本音は、アメリカに対して「余計なことをしないでくれ」というものでした。

しかし、いざアメリカに圧力をかけようと思えば、強力な後ろ盾が必要になります。そこで、手を差し伸べてきたのがかつての宿敵、ロシアだったのです。

トルコがロシアになびき始めているもうひとつの原因は、EU加盟が実現しなかったことです。

トルコの長年の悲願はEUに加盟することでした。ヨーロッパへの仲間入りを果たせば、フリーパスでEU圏内を移動でき、自由に出稼ぎに行くことができるからです。

一方のEUは、これ以上移民が入ってきたら、困る。国内の失業者が増えてしまいます。だから、トルコのEU加盟は認められてきませんでした。

ずっと片思いをし、何度もアプローチしてきたのに、まったく振り向いてもらえない……。トルコ人もとうとうしびれをきらし、「やはり自分たちの居場所はヨーロッパではなく、イスラムだ」と考える人が増加、EUに向かう人が減少していきました。トルコ国民の気持ちが、「イスラム化」していったというわけです。

トルコ国内にはもともと、大きく分けて「親欧米派」と「イスラム派」がいます。近年、「イスラム派」が勢力を拡大しています。そのイスラム派で圧倒的な支持を集めるのが、現在のエルドアン大統領です。

エルドアンはもともと反欧米の立場ですから、「もうEUなど関係ない！　トルコはこれからイスラム世界のリーダーになるのだ」と息巻いています。彼もプーチンと同じく、「過去の栄光を取り戻す」ことをめざしています。中東世界の盟主として16世紀に全盛期を迎えた「オスマン帝国」の復活です。エルドアンを選んだのは、国民の意思なので、これも一種のポピュリズムといえるかもしれない。

このように、クルド人問題とEU加盟問題によってトルコは今、ものすごい勢いでヨーロッパから離れつつあります。その間隙をついて、ロシアが「ロシアはトルコの仲間ですよ」と近寄ってきている、というのが今の状況です。

このまま反欧米派が拡大すれば、「NATOから脱退してもいい」とトルコがいい出すのは時間の問題でしょう。

Q64 トルコ駐在のロシア大使殺害はなぜ起きたか？

トルコの欧米離れが進む中、トルコとロシアの関係にくさびを打ち込むような、きな臭い事件が立て続けに発生しました。

ひとつは、2015年11月に発生した**「ロシア軍爆撃機撃墜事件」**。トルコとシリアの国境付近で、ロシア空軍の戦闘爆撃機がトルコ軍に撃墜されました。プーチン大統領は、「ロシアとトルコの2国間関係に深刻な影響を与えるだろう」と述べ、トルコに対して農産物の輸入禁止など経済制裁を実施する事態となりました。

もうひとつは、2016年12月に発生したトルコ駐在のロシア大使が殺害された事件。ロシア大使がトルコの首都アンカラで開かれた写真展でスピーチ中に、護衛のトルコ人警察官に銃撃され、命を落としました。

テレビカメラの前で大使が撃たれるなど前代未聞です。ロシア側が怒り心頭に発するのは当然です。トルコのエルドアンはすぐに謝罪しましたが、トルコとロシアの関係が悪化するのは避けられないことでした。

トルコがロシアに急接近する中、なぜ、こんな事件が起きたのでしょうか。これらの事件の背景を考えてみる必要があります。ロシアとトルコの関係が悪化すると、誰が得をするでしょうか。

少し考えればわかりますね。アメリカと親欧米派です。トルコをロシアの防波堤にしたい、そしてNATOに引き留めておきたい。アメリカと親欧米派には十分な動機があります。まだ証拠はありませんが、アメリカの情報機関が関与した可能性があります。

2016年7月には、トルコでクーデター未遂事件も発生しています。トルコ国軍の一部がクーデターを画策しましたが、失敗に終わりました。このクーデターも親欧米派とイスラム派の綱引きが関係していたと想像できます。

エルドアン大統領側の発表では、アメリカに亡命中のギュレン師が首謀者だとされています。世俗派イスラムの指導者で、かつてはエルドアンと協力していましたが、エルドアンがイスラム重視に傾くのに伴い、ギュレン師は離反しました。今はエルドアンの政敵ですから、クーデター未遂は、欧米派の陰謀だという話です。

トルコの軍部は、建国の父アタチュルク以来、政教分離を徹底する世俗主義の守護者を任じ、イスラム色を強く打ち出すエルドアンに反発する者が多い。しかも、NATOのメンバーというポジションを捨てたくない気持ちも強いので、親欧米派が多いとされます。

しかし、トルコの一般国民の心はすでに欧米から離れ、イスラム化を望んでいる。だから、クーデターが発生したとき、エルドアンの「市民は広場や空港に集まるように」という呼びかけに多くの市民が応じ、軍のクーデターに反対の意思を示しました。


今後トルコはどうなるのか。

クーデターは失敗したとはいえ、トルコ軍が政権の行方を左右する状況に変わりはありません。親欧米派とイスラム派の綱引きは、どちらがトルコ軍をコントロールできるかで決着がつくのではないでしょうか。親欧米派が巻き返して、エルドアン暗殺事件や再クーデターが起こるかもしれません。

トランプ政権の誕生も、今後のトルコ情勢に影響を及ぼす可能性があります。クルド人に武器を供与していたオバマ政権をトランプは批判していますから、今後アメリカはクルド人と距離を置く可能性があります。そうすると、アメリカとトルコの関係は改善し、トルコのロシア傾斜にブレーキがかかるかもしれません。

Q65 なぜトランプはNATOを「時代遅れ」と罵倒するのか？

ロシアのプーチンがアラブ諸国やトルコに触手を伸ばす一方で、ＮＡＴＯを構成するアメリカやＥＵ諸国は防戦一方のように見えます。

これまでロシアの拡大を食い止めてきたのは、ＮＡＴＯの存在だったことは間違いありませんが、今のＮＡＴＯは足並みがそろわず、内輪もめをしている状態です。

ＮＡＴＯの軍事力の要であるアメリカのトランプ政権は、「ＮＡＴＯ加盟国が軍事費の負担を増やさなければ、米軍の関与を弱める」と主張し、ＮＡＴＯを「時代遅れ」と断じています。軍事費負担をめぐって、いざこざが続いているのが現状なのです。今のＮＡＴＯは、有名無実化しているといっても過言ではありません。

その間隙を虎視眈々と狙っているのがプーチンです。

プーチンはトルコだけでなく、「ギリシアを押さえたい」という野望を抱いています。両国は地中海の出口に位置していますから、両国を味方につければ鬼に金棒です。

プーチンは、ＥＵの中で問題児になっているギリシアに甘い言葉で接近してくる可能性もあります。「ロシアから石油や天然ガスを安く供給するから、代わりにロシア軍の基地を置かせてくれ」といった感じでしょうか。ギリシアも財政問題でドイツを筆頭とするEUから散々叩かれていますから、寝返る可能性もゼロではありません。

NATOがまともに機能しないのであれば、あとはトランプ政権がウルトラCを繰り出すしかありません。

たとえば、かつて東西冷戦が始まったとき、アメリカがギリシアとトルコに莫大な軍事援助をして、西側に取り込みました。これを「トルーマン・ドクトリン」といいます。トランプがギリシアの財政赤字を一瞬でチャラにするくらいの援助をしたら、話は変わってきます。膨張するロシアの脅威からEUを守ることができるでしょう。ただ、ギリシアに援助をしても、また無駄に使ってしまいそうですが……。

Q66 ロシアの脅威におびえている国はどこか?

EU(NATO)が抱える課題はトルコやギリシアだけではありません。ロシア拡大がEUに与える脅威は、「バルト三国」のほうがより現実的です。

ロシアはバルト海に面したサンクトペテルブルクの港をもっていて、そこから海に出ることができます。しかし、冬になると、サンクトペテルブルクの港はガチガチに凍ってしまいます。

そこで、狙いを定めているのがバルト三国のエストニア、ラトヴィア、リトアニア。とくにリトアニアを支配下に置ければ、いつでも凍らない港を使うことができます。

もうひとつ、ロシアがバルト三国を狙う理由があります。ロシアはバルト三国を半ば自分たちの領土だと思っている節があります。なぜなら、歴史的にいえば、バルト三国は17世紀のピョートル大帝時代からロシア領だったからです。ロシアと民族は違うけれども、少数民族のためロシアに対抗できなかったのです。

バルト三国が独立できていたのは、なんらかの理由でロシアが弱っていた時代だけです。

1回目はロシア革命。帝政ロシアが崩壊し、バルト三国は独立を果たします。しかし、その後ソ連が台頭し、スターリンによって再び併合されました。

2回目の独立は、ソ連崩壊。再び独立したバルト三国は二度とロシアに飲み込まれないよう、アメリカに助けを求めます。つまり、NATOに加盟し、いざというときはアメリカの軍事力に頼ることにしたのです。

ということは、NATOが機能しなくなるとどうなるか。

バルト三国の人たちは、「いつロシア軍がやってきてもおかしくない」と、不安で夜も眠れなくなってしまいます。

ちなみに、過去にロシア領だった歴史をもつポーランドも、バルト三国と同じ理由でNATOに加盟し、ロシア軍の拡大を食い止める防波堤となっていますが、2016年に兵力を10万人から15万人に増強しました。中立国のスウェーデンは、7年ぶりに徴兵制を復活しました。それくらいロシアは現実的な脅威になっているのです。

Q67 スウェーデンとフィンランドが中立国である理由とは?

ここからは仮定の話になりますが、ロシアがバルト三国に軍隊を進めて、紛争が起こったとします。この場合、どのようなシナリオが考えられるでしょうか。

バルト三国はNATO加盟国ですから、当然アメリカに助けを求めることになります。ポイントは、このときトランプ政権がどう出るかです。

米軍を派遣することになれば、当然、米露戦争になってしまう。おそらくトランプはそれを嫌がるはずです。「なぜ、こんな小さい国のためにアメリカがロシアと戦わないといけないんだ」というのが本音でしょうから。

代わりに、トランプは妥協案を出します。

「ＮＡＴＯはバルト三国から撤退する。その代わり、ここを中立国にしましょう」と。

中立国とは、いかなる国とも軍事同盟を結ばず、外国軍の基地を置かない国家のことです。ヨーロッパには、３つの中立国があります。スウェーデンとフィンランドとスイスです。

スイスは山岳国家なのでここを攻め込む国がないという特殊な条件がありますが、スウェーデンとフィンランドは、いずれも西ヨーロッパとロシアの中間地点にあることがポイントです。ノルウェー、デンマーク、ドイツ、ポーランド、バルト三国というＮＡＴＯの国々に囲まれている一方で、フィンランドの東側はロシアと接している。緩衝地帯として、うまく地域のパワーバランスを保てるから中立国は存在できるのです。バルト三国が中立国になれば、ＥＵはひとまずロシアの脅威を排除することができ、ロシア側にもＮＡＴＯとの衝突を回避できるというメリットがあります。

もちろん、中立国には、いったん各国間のパワーバランスが崩れたら攻め込まれるリスクがあります。他の国に頼ることができないわけですから。

中立国というと平和なイメージがあるかもしれませんが、実際は莫大な軍事費を使っています。フィンランドもスウェーデンも徴兵制を導入していますし、スウェーデンは

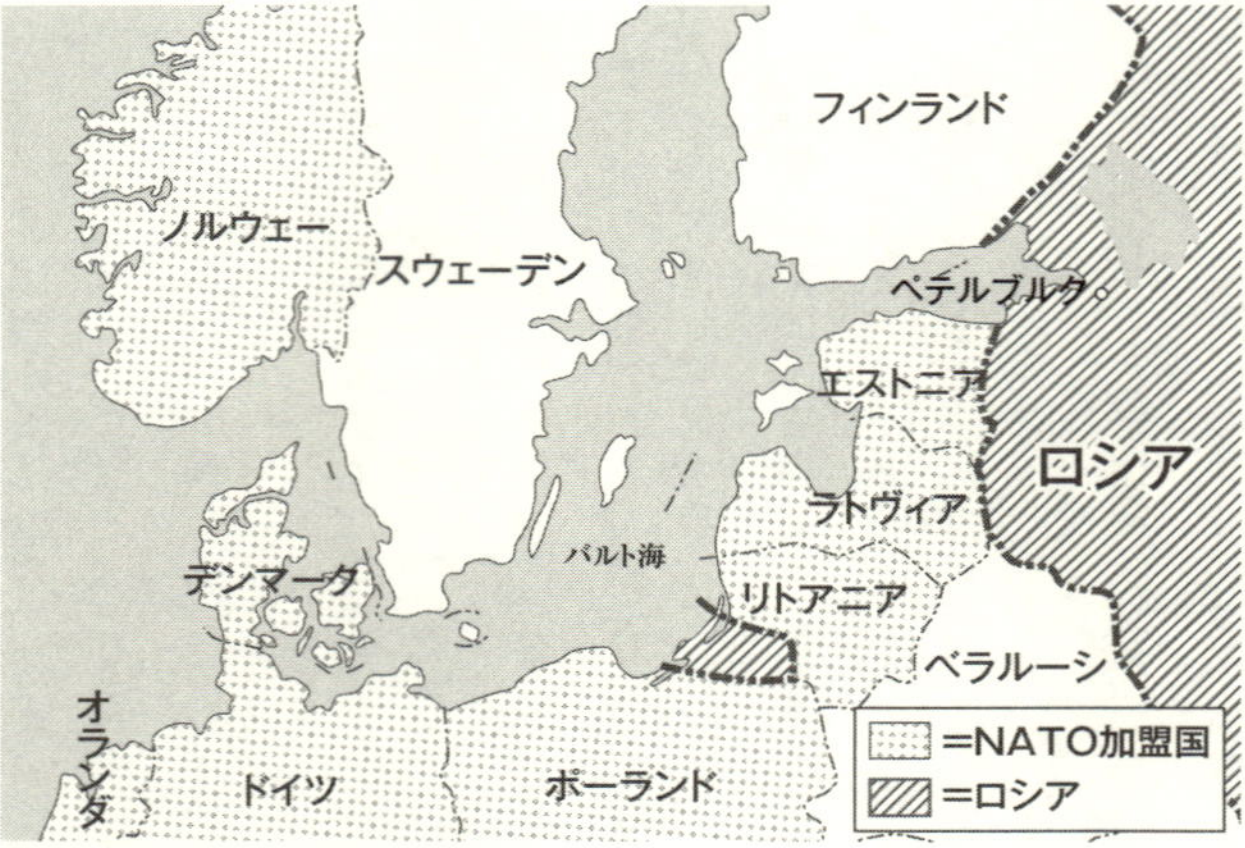

▲ロシアとバルト三国、北欧諸国

世界有数の武器生産国で、実は隠れた軍事大国。独立を保ったまま中立したいのなら、それ相応のコストがかかるというわけです。

トランプが大統領選挙中に、「在日米軍の駐留費用を100%払わなければ撤退する」などと吠えていましたが、ある意味、的を射た主張です。もし日本が自衛隊だけで守ろうとしたら、今の防衛費の2～3倍はかかるでしょう。平和を守るためには、莫大なお金がかかるのです。

Q68 プーチンはなぜ安倍首相と仲良くするのか？

それでは今度は、プーチンと他の大国の

関係を見てみましょう。

シリア内戦については、ロシアとトルコ、イランの3カ国が仲介する形で和平協議が続けられています。ポイントは「アメリカ抜き」という点です。シリアについてはロシアが主導権をもつというプーチンの意思のあらわれです。

ここでは、もうひとつ注目すべき点があります。

それは、ロシアが手を組むトルコとイランは、プーチンが構想する**「ユーラシア同盟」**のパートナーであるということです。

このユーラシア同盟のパートナーとしてプーチンが想定しているのは、トルコ、イラン、インド、そして日本です。ユーラシア大陸を押さえ込むイメージです。

一方、ユーラシア同盟の構想に入っていない国は、アメリカ、ヨーロッパ、中国。わかりやすくいえば「敵」と見ている国です。

ユーラシア同盟のパートナーとして想定される国のリーダーには共通点があります。それはいずれも、ナショナリスト政権だということです。トルコのエルドアンは先に述べた通りですし、イランはイスラム回帰を目指したイラン革命以来、ずっとナショナリスト政権です。インドのモディ首相も、ヒンドゥー至上主義の言動で知られるナショナリストです。

そして、日本の安倍晋三首相は生粋《きっすい》の保守政治家です。エルドアンやモディともウマが合うようで、何度も会談を重ねています。プーチンとは、故郷の山口県に招くほどの仲で、北方領土問題でも交渉を重ねています。本来、領土問題で1ミリも妥協したくない拡張主義のプーチンが、あえて北方領土問題で日本との交渉の席についた事実からは、ユーラシア同盟のパートナーに組み込んで、経済的メリットを得たいという思惑が透けて見えます。今のところ、安倍首相はプーチンの思惑通りに動いているというわけです。

Q69 ロシアが抱える中国からの「移民問題」とは?

ロシアは経済大国の中国とも国境を接しています。中国との関係は、どうなっているのでしょうか。


ロシアと中国は、仲がよいふりをしていますが、仲が悪い。ニコニコと握手しているように見えるけれど、机の下で足を蹴り合っている。そんな関係です。

実は、ロシアも移民問題で苦しんでいます。

ひとつは、旧ソ連圏の中央アジアからやって来る移民（出稼ぎ労働者）。もうひとつは、中国からの不法移民です。より深刻なのは後者です。

人件費の高騰と不動産バブルの崩壊により、中国経済は急速に減速していて、今後は低成長時代に入ると見られています。そこで、困窮した中国人が仕事を求めてロシア東部、いわゆる「極東ロシア」に大量に流れ込んできています。

極東ロシアとは、バイカル湖より東側の地域のことを指します。面積ではロシアの約3分の1を占める広大な土地ですが、人口は600万人ほど。千葉県の人口と同じくらいなので、スカスカです。極東ロシアは、世界でも有数の人口密度の低い地域といえます。

この地域は、基本的に常に人手が足りていない状態です。というのも、極東ロシアの人口は減る一方だからです。ロシアも少子化社会ですし、寒さのせいで国民の平均寿命が短いため、ロシア人が増える可能性はありません。

一方、地続きの国境線の南側には、約14億人の人口を抱える国があります。

中国東北部、旧満州だけでも約1億人が住んでいます。しかも、国境線は手つかずの川と山。実質フリーパスで国境を越えることができるので、ロシア側が規制してもどんどん入ってきます。規模でいえば、アメリカとメキシコの国境の比ではありません。大量の移民を送り込んで実効支配を強めるのは中国の得意技で、チベットやウイグル、内モンゴルは、こうして中国化されたのです。

今、「極東ロシア」では、中国化が進んでいます。ふつうに人民元が使えますし、スーパーで売られている商品は、すべてメイド・イン・チャイナ。ヨーロッパ・ロシアからはるばる輸送するよりも、近くの中国から送ったほうが、輸送コストが安くなるからです。

しかも移民が多くなるにつれて、中国人と結婚するロシア人も増え、どんどん混血が進んでいます。もはや、中国人がいないと経済がまわらない状態なので、むやみに追い返すわけにもいかない。

そのため、「そのうち極東ロシアは中国に乗っ取られるのではないか」とプーチンは本気で心配しています。だから、中国はプーチンにとって「敵」なのです。

Q70 プーチンが日本と手を組む、意外な理由とは?

極東ロシアの「移民問題」は、日本にとって対岸の火事ではありません。

日本が北方領土問題でもたもたしているうちに、中国人が北方領土まで進出してくる可能性があります。

中国の立場から見れば、北東部には極東ロシアの広大な土地が広がっているので、オホーツク海に直接出ることはできません。オホーツク海に出るには、北朝鮮に港を確保して日本海からオホーツク海に抜けるか、極東ロシアの港を使うしかありません。

極東ロシアを中国の領土にすることは現実的ではありませんが、徐々に「中国化」することは不可能ではない。大量の中国人移民が極東ロシアに流れ込んでいるからです。経済的に中国人が支配できれば、オホーツク海へ直接出るルートを確保することができます。

しかも最近、温暖化の影響で北極の氷が解け始めていて、夏場は**「北極海行路」**から直接ヨーロッパへ行くことができます。北極海航路を使えば、マラッカ海峡や中東を通ることなく、ヨーロッパに行けるわけですから、その経済的効果は計り知れません。

すでに北方領土近海では、中国の漁船が違法操業しています。このあたりの海域は、北極海航路の通り道になりますから、近い将来、尖閣諸島近海に中国漁船がやってきているように、北方領土近海にも顔を出すようになるでしょう。そうした危険性を察知し、プーチンはすでに、北方領土近海の軍備を増強しています。ロシア軍が想定している敵は日本ではなく、中国なのです。

プーチンとしては、中国に対抗するには、日本と手を結ぶしか方法がありません。プーチン大統領と安倍首相が蜜月の関係にある背景には、このような事情もあるのです。

Column

「サイクス・ピコ協定」って何？

20世紀初頭の第一次世界大戦で、ドイツ側についたオスマン帝国はイギリス、フランス、ロシアなど連合国と戦うことになります。そこで連合国側はオスマン帝国を混乱に陥れようと考え、アラブ人の民族独立運動を煽り、オスマン帝国を崩壊へと導きました。この戦争のさなか、イギリスとフランス、ロシアの間である密約が交わされました。オスマン帝国を倒したあとに、アラブ人の住む地域を山分けにしようという談合です。エジプトはすでにイギリスが押さえていたので、そのほかのアラブ人居住地に英・仏が勝手に線を引き、分割しました。具体的には、シリアとレバノンはフランスが取り、その南側のヨルダンとイラクはイギリスが取る。そして、ヨルダンの地中海側のパレスチナには、あとでヨーロッパからユダヤ人を送り込む。これをアラブ人には内緒で決めてしまったのです。これをサイクス・ピコ協定といいます。

イギリスの目的は、最も重要な植民地であったインドへのルートを確保。地中海からヨルダンに入り、ヨルダンとイラクの間に鉄道を敷いて、ペルシア湾からインドに到達することができます。このときイギリスとフランスが「定規で引いた線」が、今のシリアとイラクの国境線になっています。列強の都合で国境線を引き、そこに住む民族や宗派を無視したため、民族や宗派が混在する国ができることになったのは、アフリカ諸国も同じ。定規で引いたような国境線は、植民地主義の名残りなのです。

第3章

朝鮮半島クライシスと中国、そして日本

Q71 なぜ共産主義の中国が経済成長できたのか？

最近まで、日本を訪れた中国人観光客が高額商品から日用品まで、さまざまな商品を大量に買い込む様子がニュースなどで盛んに報じられていました。

ところが、２０１５年をピークに、中国人観光客による「爆買い」は終了。爆買いによる経済効果に依存してきた日本のホテルや百貨店、家電量販店などは肩透かしを食う結果となりました。

なぜ、中国人による「爆買い」は突如、終わりを迎えたのでしょうか。

その謎解きをするには、まずは中国が「爆買い」ができるほどの経済大国に成長した歴史について振り返る必要があります。

現在、公表されたＧＤＰ（国内総生産）では、中国はアメリカに次ぐ第2位の経済大国です。なぜ中国経済は日本を抜き、世界一の経済大国であるアメリカに迫るほどの経済発展を遂げることができたのでしょうか。

そもそも中国は共産党政権です。彼らの政治思想である共産主義は、私有財産を認めず、財産の一部、または全部を共同所有することで平等な社会をめざす、というものです。「金儲けするから貧富の差が生まれて、人民が幸せになれない」という考えです。

中華人民共和国の建国者であり、中国共産党の創立メンバーでもある毛沢東は、土地や企業をすべて国有化。中国共産党の命令に従って経済活動を行えば、すべての人民が経済的な平等を手に入れることができる、と主張しました。

そんな「計画経済」によって理想の社会をめざしてきたはずですが、現在の中国は平等とは言い難い社会になっています。現実には、アメリカ型の弱肉強食社会であり、貧富の差の拡大が社会問題になっているほど。つまり、中華人民共和国は、共産主義の理想とはかけ離れた、まったく別の国になってしまったのです。

どこから変わっていったのでしょうか。歴史を振り返りましょう。経済的平等の理念を捨てる転換点となったのは、1978年。鄧小平が実施した**「改革開放」**です。

当時、毛沢東型共産主義はすでに行き詰まりを見せていました。「みなで平等に成果を分け合っているだけでは、パイは縮む一方で、経済成長しない」ことはあきらかで、大量の餓死者も発生していました。

そこで鄧小平は、毛沢東が亡くなってからすぐ、共産主義による経済運営をいったんやめました。経済を自由化したのです。

結果から見れば、鄧小平は賢い選択をしたといえます。同じ共産主義のソ連が計画経済にこだわり、国家崩壊したのとは対照的に、中国はソ連崩壊の約10年前から、中国共産党による一党独裁体制は残しながらも、経済面では資本主義による経済運営に切り替え、経済成長を実現させました。共産主義と資本主義の、いいとこ取りをしたわけです。

すると、一気に潮目が変わります。

もともと中国は物価が安く、賃金も安い。そして、労働力の源泉となる人口も多い。外国企業からすれば、夢のような安い労働力が手に入ることになります。アメリカや日本などから、企業が次々と進出、中国で工場を稼働させました。

外国企業にとっては、10億人を超える市場も魅力でした。経済の自由化によって中国人が豊かになれば、巨大なマーケットになるため、80年代以降、外国企業が積極的に対中投資を進めました。

こうして外国企業の資本がドーンと注入された中国は、打ち上げロケットのごとく、急激な経済成長を成し遂げます。中国が経済発展を遂げたのは、日本やアメリカの投資によるところが大きかったのです。上海や北京に、高層ビルが雨後《うご》の筍《たけのこ》のごとく建てられましたが、そのほとんどに外国の資本が入っています。

Q72 中国人の「爆買い」はなぜ起きたか？

改革開放によって、外国企業が大挙して進出し、中国に富をもたらしましたが、ひとつ問題がありました。

経済は自由化したとはいえ、ベースは共産主義ですから、土地国有の原則は変わりません。外国企業がいくら儲かっても、土地を購入し、勝手にビルを建てることは認められていませんでした。外国企業はあくまでも、中国共産党から国有地をレンタルさせてもらうしかなかったのです。

そうした状況下で起こることは何でしょうか。

土地所有の許認可を握っているのは中国共産党ですから、そこで外国資本と中国共産党の地方幹部との間で癒着が起こります。つまり汚職です。外国企業は土地使用で便宜を図ってもらうために、党の幹部に賄賂を贈ります。そこに中国人の新興財閥（その経営者も党幹部や軍人の親族）も加わり、中国共産党が甘い汁を吸い上げる構造ができあがっていきました。

中国共産党の幹部ばかりが私腹を肥やし、人民には還元されない……。

こうして、中国共産党の組織は、腐敗していきます。

癒着関係は、アメリカなどの外国企業にとってもメリットがありました。そもそも中国は共産党の一党独裁ですから、言論の自由がありません。労働者はストライキやデモもできない。どんなにひどい労働条件であっても、黙ってはたらかなくてはなりません。労働者にストライキの自由がないことは、中国に進出してきた外国企業にとっては安定した生産ができるわけですから、ありがたい状況です。だから、外国企業は中国共産党とともに甘い汁を吸い続けてきたのです。


外国資本の中心は、中国に莫大な投資をしていたウォール街です。

ウォール街と中国共産党は仲良し。第1章でも触れましたが、民主党が中国に対して甘かったのも、ウォール街と中国共産党の関係性に一因があります。

1990年代あたりから、「21世紀になるとG7の時代は終わり、G2（アメリカと中国）の時代になる」「米中同盟の時代がやってくる」などと盛んにいわれるようになり、さらには「BRICS（ブラジル、ロシア、インド、中国、南アフリカ）が21世紀の世界経済をリードする」といった話も飛び交いました。中国を、投資先として持ち上げる情報が氾濫していたのです。こうした情報を流していたのは、ウォール街の国際金融資本、その中心は投資銀行のゴールドマン・サックスです。

これらは意図的につくり出されたイメージにすぎませんでした。

実際、ＢＲＩＣＳのうち、インド以外の経済は全滅状態です。肝心の中国も経済成長が大幅に減速しています。中国礼賛の情報は、中国で金儲けをしたい外国資本によるイメージ操作だったのです。日経新聞を筆頭とする日本の大手メディアはこの情報操作に加担し、「乗り遅れるな！」「出遅れると生き残れないぞ」と囃し立てたのでした。

話を戻しましょう。

外国資本との癒着によって、中国共産党の幹部とその親族は金回りがよくなりました。彼らは海外にも自由に行ける身分なので、海外旅行に出かけて散財します。これが「爆買い」の始まりです。

つまりは世界中で「爆買い」を始めた中国人観光客は共産党幹部の関係者が多い。中国では超エリートの高学歴層です。中国からの観光客は「列に並ばない」「大声で話してうるさい」「平気で痰を吐く」「ゴミのポイ捨てをする」「トイレの水を流さない」などと話題になりましたが、彼らは中国ではマナーを身につけた階級なのです。中国の庶民階級は、あんなレベルではありません。

Q73 なぜ中国にはゴーストタウンが増えているのか？

貧富の差を抱えながらも、中国はアメリカをはじめとする外国企業の投資によって、急速に経済成長を遂げていきます。

しかし、２００８年、外国からの投資が突然止まってしまう事件が起こりました。そう、**「リーマンショック」**です。アメリカの大手投資銀行であるリーマン・ブラザーズが破綻し、世界的な金融危機が発生しました。

リーマンショックによってアメリカの金融資本は「心臓発作」を起こしました。自分たちが生き残るので精一杯ですから、海外投資などしている場合ではありません。世界中から資金を引き揚げ始めます。

困るのは、ウォール街の投資資金で経済がまわっていたＢＲＩＣＳの国々です。

リーマンショックを機に、高成長を遂げていた新興国の経済にブレーキがかかりました。リオ五輪景気が終わったブラジル経済は、外資引き揚げが追い打ちをかけて大混乱に陥ります。中国も例外ではありません。海外からの投資がピタリと止まってしまい、政府は慌てます。

なぜ中国政府が困るかというと、「毎年8％のGDP経済成長率を維持する」と人民に約束していたからです。去年より今年、今年より来年と、毎年必ず国民の生活は豊かになっていくのだ、と。

中国では、1989年に民主化を要求する市民の運動を軍が弾圧する**「天安門事件」**が起きましたが、こうした反政府運動を再発させないためには、国民の生活を保障することによって、国民の不満を、押さえ込むことが必要だと考えていたのです。

しかし、リーマンショックによって中国市場への投資が激減。年8％の経済成長が維持できなくなったのです。

焦った中国政府は、公共事業で国内経済をまわすことを決定します。北京の中央政府から地方組織に、「8％の成長率を必ず維持しろ」とノルマが課されることになりました。党中央の命令は絶対です。地方政府は税金をバンバン使って高級マンションや道路をつくり始めます。公共事業はGDPの数値に反映されますから、政府は体面を保つことができました。

ところが、あとが大変です。

ノルマ達成のための公共事業ですから、需要があるかどうかは関係ないのです。車が走っていない道路や、誰も住んでいないニュータウン……。使われない施設が全国にたくさんできてしまった。中国では、ゴーストタウンのことを「鬼城」といいますが、人が住んでいる気配のない高層マンションは、鬼（幽霊）の城にふさわしい不気味さを漂わせています。

リーマンショック以降、中国政府は経済成長を偽装してきたのです。誰も使わない不要な建物や道路をつくっても、何の利益も生みません。工事が終わってしまえば、政府の財政赤字だけが残ります。

しかも、それまで中国経済は輸出で稼いできましたが、リーマンショックによって購買力を失ったアメリカやヨーロッパの市場で中国製品が売れなくなり、輸出産業も低迷することに……。そうなれば当然、輸出で潤ってきた国内企業から入ってくる税金も目減りしていきます。

無駄な公共事業と輸出低迷のダブルパンチ。中国は国も地方も借金の山を抱える結果となってしまったのです。

すると、何が起こるか。

中国政府の信用低下を招く結果となりました。

第2章でお話ししたように、ジンバブエ・ドルの信用が失墜したのは、財政が破綻しているからです。同じように、財政と経済の信用を失った中国では、２０１６年、株式の大暴落が起こりました。１カ月間に上海証券取引所のA株の時価総額は3分の1に下落します。あわてた中国政府は、突然マーケットを閉めたり、多額の株式を売った資本家を逮捕したりするなど、迷走。結局、国家権力は経済成長を偽装することはできても、市場経済を統制することはできなかったのです。

Q74 世界中で「爆買い」が突然止まった理由とは？

ここまでを理解すれば、章の冒頭で触れた「中国人による『爆買い』が突如終わりを迎えた理由」についても答えが見えてくるでしょう。

中国の財政に対する信用が損なわれれば、当然、中国政府が発行する通貨の信用も失墜します。「人民元は信用できない」と危機感をもった人たちは、手持ちの人民元を、アメリカドルや日本円といった信用できる外貨に換え始めました。

たとえば、日本に旅行にやってきた中国人観光客は、当然、人民元を売って日本円に両替します。そして、高価な日本製品を大量に買い込んで、中国にもって帰る。人民元でもっていても価値が下がるばかりだから、モノに換えてしまったほうがいいという発想なのです。

さらにお金持ちの中国人は、息子や娘を海外に留学させています。アメリカの学校に留学させることになれば、授業料や生活費を払うために、人民元をドルに替えることになるからです。現金よりは、子どもに投資したほうがマシというわけです。

爆買いにしても留学にしても、率先しているのは中国共産党の幹部。

彼らは、自分の資産を外貨に替えたり、外貨預金をしたりして、人民元暴落の危機をうまく切り抜けようとしています。最後にバカを見るのは、一般庶民でしょう。ただの紙屑になりかねない人民元をもたされているのですから。

人民元を外貨に替える人が増えれば、ますます人民元の価値は下がります。人民元を外貨に両替する動きが止まらないことに気づいた習近平政権は、あわてて規制を始めました。まず、「爆買いをやめさせろ」と政府から指令が下ります。これ以上、人民元を流出させてはいけない、というわけです。

これが、世界中で中国人の「爆買い」が突然止まった原因です。

次に政府は外貨への両替の制限も実施します。「年間５００万ドル（約5億円）以上の両替はできない」とのお達しが下されました。これは中国人だけでなく、外国企業も対象です。中国の工場で生産している外国企業は、中国で稼いだ利益を人民元から米ドルや日本円に替えて送金しようと思っても、５００万ドル以上は送れない。つまり、人民元とドル、あるいは人民元と日本円の交換を一部停止させたのです。

そのほかにも、中国の中央銀行（中国人民銀行）は、外貨を売って人民元を買うという行為を繰り返しています。暴落を防ぐために人民元を買い支えているのです。これは、通貨危機に見舞われた国で必ず行われる常套手段で、かつて韓国やタイなどでも実施されています。

中国人民銀行は、米ドルや日本円といった現金だけでなく、アメリカや日本の国債などを片っ端から売っています。その結果、米国債が大量に市場に出回り、価格が下がるといった影響も出ています。

政府や中央銀行が所有している外貨や対外資産の合計を「外貨準備高」といいます。日本の外貨準備高は約1・2兆ドル（2017年）であるのに対して、中国の場合は、ピーク時に4兆ドルに達していました。しかし、中国が外貨や外国債を売り始めてから、3兆ドルまで外貨準備高は激減しました。たった1年ほどで、日本の外貨準備高に匹敵する額が減ってしまったのですから、大変な事態です。それほど中国政府は切羽詰まっているのです。

アメリカのトランプ大統領は「中国が人民元安を利用してアメリカを食い物にしている」とよく批判していました。つまり、中国が意図的に人民元安に誘導し、輸出を増やそうとしている、というわけです。

トランプは、今の状況がわかっていないだけでしょう。トランプがわざわざ吠えなくても、信用を失った人民元は勝手に下がります。それを食い止めるために、中国が必死に人民元を買い支えている。それが現実なのです。

Q75 「一帯一路」は何をめざしているか？

最近、中国に関するニュースで**「一帯一路」**という言葉をよく耳にするようになりました。「一帯一路」とは、2013年に習近平が提唱した中国と欧州を結ぶ巨大な広域経済圏構想のことで、「新シルクロード構想」とも呼ばれています。

中国から中央アジアを経由して欧州に続く陸路を「一帯」、南シナ海からインド洋を通り欧州へ向かう海路を「一路」とし、鉄道や港湾などのインフラ投資を通して約70カ国にのぼる沿線の国々を親中国圏とするのが目的です。

ところが、その一帯一路構想に暗雲がたちこめています。

人民元の下落が暗い影を落としているからです。通貨が安くなれば輸出には有利にはたらきますが、逆に海外投資には不利になります。つまり、習近平の肝いりで始まった一帯一路構想に投資をしたくても、中国の銀行は十分な資金を工面できないという事態に陥っているのです。

中国政府は一帯一路構想を資金面で支えるため、2015年に**「アジアインフラ投資銀行」（AIIB）**という中国主導の国際金融機関を創設しました。他の先進国を巻き込んで、インフラ整備の資金を引き出そうというわけです。設立当初は中国経済が絶好調だったので、ビジネスチャンスを逃したくないイギリスやドイツなどヨーロッパの主要国がこぞって参加、２０１７年7月現在で80カ国を超えました。

ところが、２０１６年に中国バブルがはじけると、急激に失速。投資資金もほとんど集まらず、開店休業状態です。中国自体が資金不足のうえに、他国からも資金を引き出せない状態ですから、一帯一路構想は完全に暗礁に乗り上げているといってもいいでしょう。

ちなみに、アメリカと日本はＡＩＩＢには参加していません。アメリカが主導する世界銀行や日本が主導するアジア開発銀行（本部はマニラ、総裁は日本人）があるからです。ＡＩＩＢの設立当初、例によって「バスに乗り遅れるな！」「日米だけが孤立する」と煽ったメディアもありましたが、結果的に、乗らなくて正解でした。中国主導の「泥船」に乗り込んでいたら、一緒に沈没するところだったでしょう。

投資をしたくても資金がない……。

そんな状況に追い込まれた習近平は、どう動くでしょうか。彼の立場になって考えれば、打開策はひとつしかありません。中国に投資資金が入ってくるように、今まで以上にグローバリズム路線を突っ走ることです。

国境を開き、投資を促進する。常に過剰人口を抱える中国は、国境を開いても移民が流入してくる恐れはありません。

習近平政権は、アメリカ大統領選で民主党のヒラリー・クリントンを応援していましたし、ヨーロッパでは「反EU、反グローバリズム」が勢いを増さないよう、ドイツのメルケル政権を応援しています。逆に、反グローバリズムのプーチンを警戒しています。もともと共産主義だった中国が、今やアメリカに代わるグローバリズムの旗振り役なのですから、不思議な話です。

Q76 習近平は、なぜ日本に強気に出るのか？

尖閣諸島の領土問題を抱える日中関係は、冷え込んだ状態が続いています。習近平は、国際会議で安倍首相と握手をしても仏頂面《ぶっちょうづら》、笑顔ひとつ見せません。

なぜ、習近平は日本に対して強気なのでしょうか。

実は日中関係にも、中国経済の減速が暗い影を落としています。景気が悪化している中国では当然、国民の不満は高まります。しかし、共産党政権下の中国では、国民は不満を選挙にぶつけることができません。まったく報道されませんが、地方ではデモや暴動が常態化しています。

それを防ぐためには、政府は力で押さえ込むしか方法がない。具体的には、中国人民解放軍と治安機関に頼ることです。軍と治安機関は強硬派ですから、日本に甘い顔をすると政府を突き上げます。こうなると、習近平は虚勢を張って、日本叩きをするしかありません。領土問題で強気に出るのは、軍と治安機関を掌握するためなのです。

しかし、習近平政権が日本に対して強硬姿勢を貫くほど、日本企業は中国市場から逃げ、中国経済は勢いを失っていく。日本では親中派の政治家が嫌われる。そんな悪循環がずっと続いています。

日中関係がうまくいっていないのは、安倍首相と習近平、2人のキャラクターによるところも大きいと思います。

第二次大戦後、中国にとって、日本は使い勝手のよい存在でした。日本が中国に軍事的な脅威を与えることはありませんし、「中国を侵略した過去を反省しろ」と強気に出れば、すぐに謝る。お金をもっているので、投資を引き出すことも簡単です。日本政府の対中ODA（政府開発援助）の合計は6兆円。中国にとって日本は、一種のATM（現金自動預け払い機）だったのです。

ところが、第二次安倍政権が誕生してから風向きが変わります。

安倍首相は、頭を下げることをしません。北京を一度も訪問していません。中国に対しては強硬姿勢を貫いているのです。

安倍政権が続くと不都合な中国は、尖閣諸島問題などで揺さぶりをかけてきますが、たたけばたたくほど日本人は安倍政権を支持し、長期政権につながっていきます。安倍たたきがすべて裏目に出てしまった今、習近平は日本に対してはお手上げ状態でしょう。

これがもしも、改革開放を主導した鄧小平だったら、尖閣諸島からはいったん手を引いて、日本と和解。その代わり、「中国に投資してくださいよ」と駆け引きをして、苦しい状況をうまく乗り切ったでしょう。老獪で、本心を見せなかった鄧小平と比べると、習近平は硬直した対応しかできません。ある意味、わかりやすい相手であるともいえます。

Q77 アメリカ離脱で「ＴＰＰ」は消滅するか？

アメリカのトランプ大統領がＴＰＰ離脱を表明したことで、脚光を浴び始めたのが、東アジア地域包括的経済連携（ＲＣＥＰ《アールセップ》）です。東南アジア諸国連合（ＡＳＥＡＮ）加盟の10カ国に、日本、中国、韓国、インド、オーストラリア、ニュージーランドの6カ国を含めた計16カ国でＦＴＡ（自由貿易協定）を進める枠組みです。

ＲＣＥＰは発足当初から参加している中国が主導権を握ろうという構えを見せています。ＴＰＰの先行きが不透明な中、中国としてはＲＣＥＰを、アジアの自由貿易におけるイニシアティブを握るチャンスととらえているようです。

そもそもＴＰＰの頓挫は、中国にとって朗報でした。

中国はＴＰＰには参加したくてもできなかったからです。というのも、ＴＰＰは、関税の撤廃や投資の自由化だけでなく、知的財産権の保護についても厳格な規定が定められていたからです。しかし、中国はコピー商品だらけ。とてもＴＰＰの規定を守れません。

一方、ＲＣＥＰはＴＰＰよりもはるかに規定が緩いので、中国でも主導権を発揮することができます。

愛読者アンケート

この本のタイトル（ご記入ください）

■お買い上げ書店名

■本書をお買い上げの動機はなんですか？

1．書店でタイトルにひかれたから
2．書店で目立っていたから
3．著者のファンだから
4．新聞・雑誌・Webで紹介されていたから（誌名　　　　　）
5．人から薦められたから
6．その他（　　　　　　　　　　　　　　　　）

■内容についての感想・ご意見をお聞かせください

■最近読んでよかった本・雑誌・記事などを教えてください

■「こんな本があれば絶対に買う」という著者・テーマ・内容を教えてください

アンケートにご協力ありがとうございました

ご記入いただいた個人情報は、アンケート集計や今後の刊行の参考とさせていただきます。また、いただきましたコメント部分に関しましては、お住まいの都道府県、年齢、性別、ご職業の項目とともに、新聞広告やWebサイト上などで使わせていただく場合がありますので、ご了承ください。

郵便はがき

料金受取人払郵便

106-8790

036

芝局承認

4325

差出有効期間
平成31年3月
31日まで

東京都港区六本木2-4-5
SBクリエイティブ(株)
学芸書籍編集部 行

自宅住所 □□□-□□□□	自宅TEL ( )	
フリガナ 氏 名	性別 男 ・ 女 生年月日 年 月 日	
e-mail @		
会社・学校名		
職業 □ 会社員(業種) □ 自営業(業種) □ 公務員(業種) □ 学生 ( )	□ 主婦 □ パート・アルバイト □ その他 ( )	
SBクリエイティブ学芸書籍編集部の新刊、関連する商品やセミナー・イベント情報のメルマガを希望されますか?	はい ・ いいえ	

■個人情報について

上記でメルマガ配信に合意いただきました個人情報はメールマガジンの他、DM 等による、弊社の刊行物・関連商品・セミナー・イベント等のご案内、アンケート収集等のために使用します。弊社の個人情報の取り扱いについては弊社 HP のプライバシーポリシーをご覧ください。詳細は Web 上の利用規約にてご確認ください

◆ https://www.aqut.net/gm/kiyaku.inc

しかし、規定が緩いということは、高度な貿易自由化を期待することは難しい。日本にとって、ＲＣＥＰに積極的に参加するメリットは少ないといえます。

日本は、環太平洋の国々と個別のＦＴＡ交渉を進めており、ＥＵとの間でも経済連携協定（ＥＰＡ）の交渉が本格化しています。安倍首相の考えとしては、ＴＰＰ交渉からトランプ政権が離脱するのなら、米国抜きでＴＰＰに代わるチームをつくればいいではないか、というところでしょう。

すでに経産省は、米国以外のＴＰＰ参加表明国と詰めの交渉を行っています。ＴＰＰの名称を変えて、アメリカ抜きの経済連携協定を結ぶのもひとつの手だと思います。アメリカについても、トランプが国内の利害関係者と調整を終えたあとに加入できるような仕組みにしておくべきです。アメリカが加入しやすいよう、自動車については関税をかけてもいいといった特例措置を設けてもいいでしょう。工夫次第でＴＰＰの枠組みを活かすことはできるはず。日本が主導し、中国に対抗しうる自由貿易協定として、ＴＰＰは重要な意味をもってくると思います。

Q78 共産党員の汚職摘発が増えた、恐ろしい理由とは？

「習近平は中国共産党内の汚職摘発を断行し、本気で組織改革をしている」

こうした表面的なニュースだけを追うと、クリーンなイメージを抱きますが、習近平の狙いはまったく別のところにあります。

習近平が行っているのは、組織改革ではありません。政敵の排除です。

習近平のいちばんのライバルは、二代前の国家主席である江沢民。中国共産党は決して一枚岩の組織ではなく、内部では、習近平派と江沢民派、胡錦濤《こきんとう》派の3派に分かれて対立しています。

中国政治のトップは引退したあとも「長老」として影響力を発揮します。中国の政治とは思想はどうでもよく、人脈がモノをいうコネ社会。「○○さんの世話になったから」と考えます。そのため、中国共産党の幹部にはいまだに、「江沢民のために働きたい」という人がたくさん残っているのです。

習近平は、引退したはずの江沢民がいつまでも影響力をもっていては都合が悪いので、江沢民派を排除したい。そこで、汚職摘発を理由に江沢民派の幹部を捕まえています。共産党の幹部は、多かれ少なかれ誰でも汚職に手を染めているはずなのですが、江沢民派を集中的に目の敵にしているのです。

なお、汚職摘発の陣頭指揮をとるのは、王岐山《おうきざん》という人物です。共産党の中央規律検査委員会という、いわゆる汚職摘発部門のトップを務めています。習近平の側近中の側近で、江沢民派を片っ端から締め上げています。

王岐山がいるかぎり習近平は安泰でしょう。しかし、もし彼が裏切るようなことがあれば、習政権は崩壊しかねません。すでに習近平は、王岐山の野心を疑っているという情報もリークされています。側近ナンバーワンを粛清する、というのも、中国史ではよくある話です。

Q79 習近平政権は本当に盤石なのか?

江沢民派の反撃を恐れる習近平は、ますます独裁色を強めています。

中国共産党の最高意思決定機関である「中央政治局常務委員」は7名で構成されています。7名が共産党の最高幹部で、国を動かしているメンバーです。このうちの1人が習近平なのですが、残りの6人については、着々と若返りを進めています。中国の政治家の定年は70歳なので、江沢民派の幹部を次々と引退させて、習近平の子飼いの若手を引っ張り上げているのです。

中国の憲法では、国家主席の任期は2期10年まで認められていますから、２０１３年に就任した習近平は、２０２３年まで任期が残っています。政権が長くなるほど、江沢民派や胡錦濤派は排除され、側近は習近平派ばかりになるでしょう。


しかし、独裁が進んだからといって、政権が盤石になるとは限りません。

なぜなら、習近平のやり方があまりに強硬だからです。

彼は政敵を排除することで、体制を強化したいと目論んでいるのでしょうが、やり方が露骨すぎて、かえって政敵を増やしています。

前国家主席の胡錦濤や江沢民は、政敵を抱き込んでしまう懐の深さがありました。しかし、習近平のやり方は、王岐山を使って政敵をいきなり逮捕するなど、一種の恐怖政治。凄まじい恨みを買っていることは間違いありません。

習近平の露骨さは、外交でも見られます。安倍首相と会談したときも、ムスッとした表情のままで、笑顔ひとつ見せません。あそこでニコリとでも笑えば、日本人の心も少しは軟化すると思うのですが……。感情が顔に出てしまうのでしょう。大国の指導者の器ではありません。

Q80 なぜ世界地図で台湾は「国家」扱いされていないのか？

トランプが大統領に就任したとき、台湾の蔡英文《さいえいぶん》総統と電話会談したことが話題になりました。中国が、国と認めてない台湾首脳との会談だったからです。アメリカ政府は台湾と断交した１９７９年以来、中国が掲げる「１つの中国」の方針を尊重し、台湾（中華民国）を独立国家として扱うことを避けてきました。

「１つの中国」を受け入れているという点では日本も同じです。

日本の子どもたちが学校で使う世界地図は、国名は赤色で記載されていますが、「台湾」は黒色で記されています。中国と台湾の間にある台湾海峡にも国境線は記載されていません。

これはなぜかというと、「１つの中国」という中国政府の言い分を日本政府が認め、「台湾は中華人民共和国の一部」とすることが、日中国交回復の条件だったからです。当時の田中角栄内閣は、台湾と中国の市場を天秤にかけ、中国を選びました。それ以来、日本では「台湾」という国家は存在しないことになってしまいました。

中国にとって台湾問題は譲ることのできない最重要の「核心的利益」です。

台湾の独立を認めないのはもちろんのこと、将来的には、台湾併合を狙っています。

その証拠に、台湾占領作戦を立案し、軍事訓練も実施しているという情報がネット上にはすでに流出しています。大陸の奥地に台北の街を再現し、台湾の総統府や大統領官邸を奇襲攻撃する訓練を実施しているというのです。もちろん、武力に頼らないのが理想でしょうが、いざというときは、武力行使をためらわないのです。

武力による台湾占領があるとすれば、アメリカが干渉できないタイミングになるでしょう。最も現実的なのは、中東で大戦争が勃発したとき。アメリカ軍が中東で手一杯になるからです。歴史を振り返れば、毛沢東がチベットを併合したのも、アメリカが朝鮮戦争に忙殺されていたタイミングでした。


それにしても、トランプの言動は、これまでの中国の常識を超えるものです。

トランプが台湾の蔡英文総統と電話会談をしたことに対して、中国政府は厳重な抗議をしましたが、トランプは「台湾のトップと電話で話すのに、なぜ中国の許可がいるのか。中国は南シナ海の埋め立てについてアメリカに許可を得たのか」などとツイッターで応酬する始末。中国から見ると、トランプは、脅しも効かないし、どう対処したらよいかわからない人物、というのが本音かもしれません。

Q81 トランプと台湾総統の電話会談に、中国が怒るのはなぜか？

では、当事者である台湾の人々は、国の行く末について、どう考えているのでしょうか。このまま独立を貫くのか、それとも中国に併合される道を選ぶのか……。

そもそも台湾人は、大きく2つに分けることができます。

日清戦争から半世紀の間、台湾は日本領でした。敗戦で日本人が去ったあと、1949年、国共内戦で毛沢東の率いる中国共産党に敗れた蔣介石が、台湾に逃げてきます。それ以降、中国大陸から台湾に移ってきた人たちのことを「外省人」といいます。外省人のルーツは中国人です。当然、彼らは中国と一緒になることを望んでいます。

一方、日本統治時代から、もともと住んでいた台湾人のことを「本省人」と呼びます。親日なのはこの「本省人」のほうです。こちらがいわゆる台湾独立派で、自分たちを「中国人」とは思っていません。

ちなみに、日本籍と台湾籍の「二重国籍」が問題になった民進党の党首を辞任した蓮舫《レンホー》さんのお父さんは外省人。彼女の発言はなにかと中国寄りです。一方、保守派の論客として活躍している金美齢さんは本省人。いつも中国批判をしているのは、彼女が本省人だからです。この2人の言動を見ればわかるように、外省人と本省人は、常に対立関係にありました。

蔣介石が台湾にやってきてからしばらくは外省人の支配が続いていたため、台湾の政治家や財閥トップなどエリート層には外省人が多く、マスコミも外省人が押さえています。しかし、人口は本省人が多数派です。

中国による本省人に対する切り崩しも行われてきました。中国は武力を使わずに台湾を吸収合併しようと、台湾企業に対して、盛んに中国での投資を呼びかけてきたのです。結果、「中国なら安く人を雇えるから」と、多くの台湾企業が中国に進出しました。

この結果、中国でビジネスをするようになった台湾企業は、人質になってしまった。

「中国で商売がしたいなら、台湾独立など考えるのはやめなさい」

そう脅されることになったのです。内心では中国から独立したいけれど、商売に差し障りがあるから、口をつぐんでいるという本省人はたくさんいます。

歴史的出自が異なる外省人と本省人は、当然、支持する政党も異なります。本省人の李登輝総統が民主化を実現してから、台湾では二大政党が選挙で政権交代しています。ひとつは中国国民党で、蔣介石の政党です。こちらは外省人が支持する政党です。もうひとつは民進党で、こちらは本省人が結成した政党です。

2016年の総統選挙では、民進党の蔡英文が、国民党の候補を破り、初の女性総統に選ばれました。つまり、台湾政治のスタンスは、「中国からの独立」に傾いたわけです。その蔡英文とトランプが電話会談をすれば、中国がぶち切れるのは当然のこと。中国の「国家主席」も、台湾の「総統」も、英語では「プレジデント」。トランプが蔡英文との電話会談で「ミス・プレジデント」と呼びかけたと報じられたことも、中国側を激怒させました。いずれにしても、台湾の命運は、中国とアメリカが握っていることに変わりはありません。

Q82 なぜ中国は領土を広げようとするのか？

現在、中国は次の４つの地域で領土問題を抱えています。

①インド国境
②南シナ海
③尖閣諸島
④北朝鮮国境

②〜④については、あとでくわしくお話ししますので、ここでは、①インド国境についで触れておきましょう。

中印は2カ所で領土紛争を抱えています。一つはヒマラヤ山脈の南斜面、ブータン王国の東側に広がるアルナーチャル・プラデーシュ州。もう一つは、中国とインドおよびパキスタンの国境が交差するカシミール地方のアクサイチン。この両地域をめぐって、中国とインドの間で国境紛争が繰り返し勃発してきました。

事の発端は1962年に起きた中印国境紛争です。

もともと両地域は、ほとんどがヒマラヤ山脈の高山地帯ということもあり、国境線があいまいになっていました。ところが、領有権を主張する中国がインド側に侵攻、大規模な武力衝突に発展しました。当時はキューバ危機の最中、世界の関心が薄れている間に中国は勝利を収め、両地域を一時、実効支配することに成功します。

しかし、その後も両国の対立は残り、国境線をめぐる綱引きを繰り返しています。インドはヒマラヤ山脈の尾根が国境線だと主張し、一方の中国は山麓までが中国領だと主張しています。

中国はたびたび軍を侵攻させてきましたが、尾根の向こう側で軍隊を維持することは不可能なので、しばらくすると軍隊を引き揚げざるを得ません。中国は「攻めては引く」を繰り返しているだけで、現在、両地域についてはインドが実効支配している状態です。

それにしても、なぜ中国は高山地帯の国境にこだわるのでしょうか。

中国の言い分は、「現在の中華人民共和国はかつての清王朝の領土を継承した。当時は山の麓までが清の領土だったから、そこは中国の領土だ」というわけです。

これは、チベットやウイグルなどの自治区と同じ理屈です。チベットやウイグルは清朝（1636〜1912年）の領土だったから、中国のものだと主張しています。

もともと中国やロシアのような大陸国家は、日本のような国境線がはっきりした島国と違って、国力が強いときは膨張し、弱いときは縮小します。そのため、国の領土が最も拡大した国境線を根拠とする傾向があります。

そして周辺諸国も同じように領土的野心を抱いていると考えるので、隣国との緩衝地帯としてできるだけ領土を広げていきたい、と考えます。中国は、最も膨張した清朝時代の領土を根拠に、膨張を正当化しているのです。

Q83 なぜ中国はこれほど南シナ海にこだわるか？

中国は、南シナ海でも領土紛争を起こしています。中国は南シナ海の領有権を一方的に主張し、同じく領有権を主張するベトナムやフィリピン、マレーシアなどの国々と対立する中、人工島を次々と造成、3000メートルに及ぶ滑走路やレーダー施設を建設するなど軍事的な動きを加速させています。もともとは水面にちょっとだけ顔を出しているような岩礁を、大量の砂とコンクリートで埋め立てて、軍事拠点化しているのです。岩礁が人の住める「島」になれば、その周囲に「領海」や「ＥＥＺ」を設定できる、という強引な論法です。

それに対して、アメリカは「南シナ海は公海だ」と主張し、中国の動きに反対する姿勢を示しています。

ちなみに、南シナ海は、歴史的に中国の領土だったことはありません。清朝は海軍をもっていませんでした。

では、何を根拠にしているのか。

根拠は、明王朝の記録に島の名前が記載されていたから、というものです。認識していたかどうかと、領土だったかどうかは別問題ですので、まったく説明になっていません。

なぜ中国は南シナ海で強硬な姿勢を崩さないのでしょうか。目的は３つあります。

①海洋資源
②シーレーンの確保
③潜水艦の活動海域の確保

ひとつずつ見ていきましょう。

①海洋資源

南シナ海には、大量の石油や天然ガスの海洋資源が眠っています。中国の弱点は、天然資源を輸入に頼っていることです。自給できるのは、質の悪い石炭ばかり。冬になると、その石炭を大量に使用するので、もくもくと煙が上がり、ＰＭ２・５となって中国国内はおろか、日本をも汚染しています。

もし中国が南シナ海で良質な天然資源を確保できるようになれば、エネルギーにおける安全保障と独立性を獲得することができます。だからこそ中国は、南シナ海を喉から手が出るほど欲しているのです。

②シーレーンの確保

シーレーンとは、海上輸送ルートのこと。南シナ海は海上交易の要衝です。日本と同様、中国が輸入する石油の大半は、中東から南シナ海を通って輸送されますから、この地域を実効支配できれば、大きなメリットを手にすることができます。

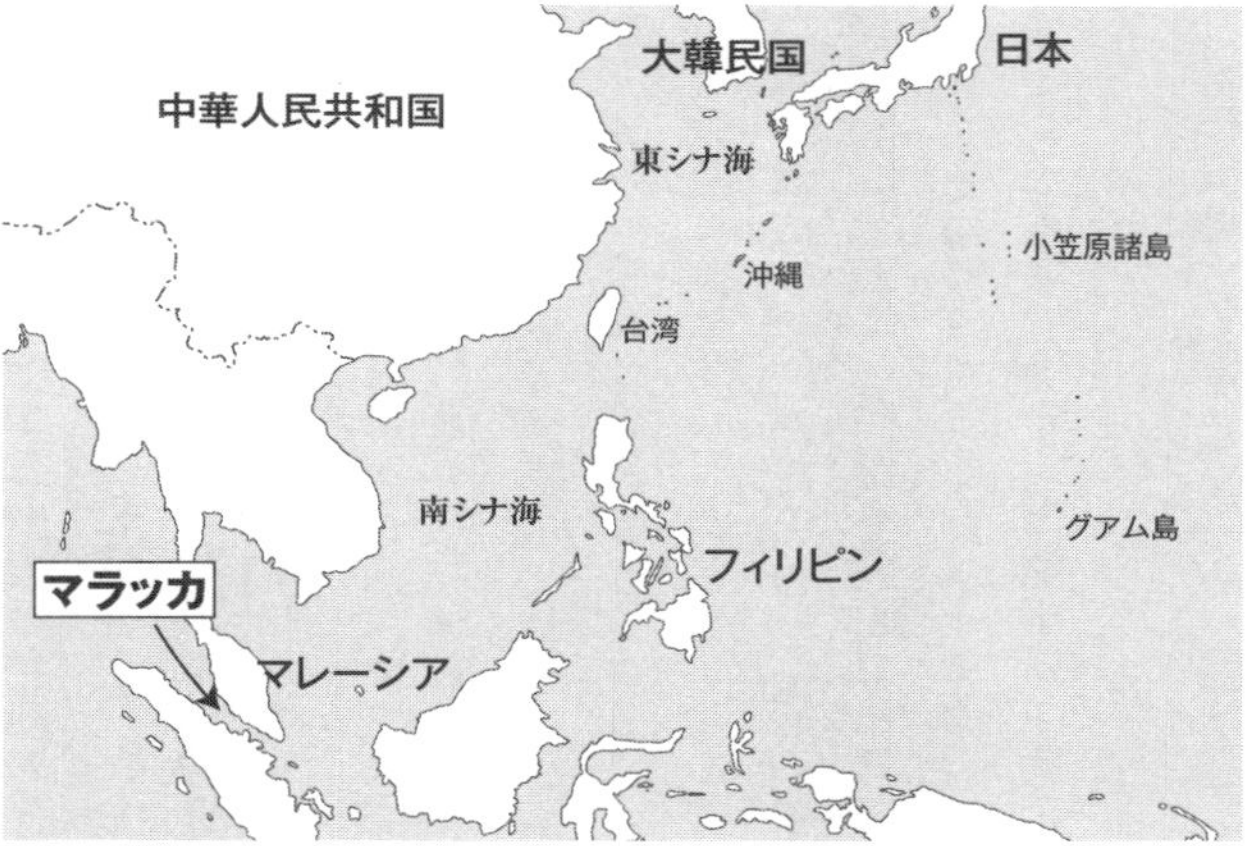

▲南シナ海とマラッカ海峡

なかでもマレー半島とスマトラ島を隔てる**「マラッカ海峡」**こそ、大型貨物船が行き交う海上交通の要衝。現在、マラッカ海峡は、日本の横須賀基地を拠点とするアメリカの第七艦隊が掌握しています。ここを中国海軍が押さえることができれば、安全保障上のメリットは計り知れません。アメリカと戦争になったとき、マラッカ海峡を押さえられて中国の石油輸入が妨害される心配もなくなります。

逆をいえば、いま中国がアメリカと戦争をすれば、西太平洋とインド洋を守備範囲にしている第七艦隊に石油輸送を止められ、中国はろくに戦うことができません。

南シナ海に進出する中国の目的の3つめ。

③潜水艦の活動海域の確保

万一、米中戦争が勃発すれば、最終的には、弾道ミサイルの撃ち合いになります。その場合、中国の地上から発射されるミサイルは、たえず米軍の偵察衛星が監視していますから、発射する前に破壊されてしまいます。

しかし、唯一、米軍の監視衛星から逃れる方法があります。

それは、ミサイル搭載の潜水艦を水中深くに潜伏させること。深くに潜った潜水艦は、監視衛星や偵察機でとらえることができません。発見するには、水中でスクリュー音を頼りに探索するしかありません。

東シナ海は水深が浅いので比較的容易にキャッチされてしまいますが、南シナ海に潜ってしまえば、探査不可能です。南シナ海の北部、海南島には、中国の潜水艦の基地がたくさんつくられています。南シナ海に潜水艦を潜伏させて、「ニューヨークに向けてミサイルを射つぞ」と脅せば、アメリカはうかつに手を出せません。

「海洋資源」「シーレーン」「潜水艦」――。

この3つが中国の狙いだとすれば、利害が対立するアメリカも黙っていません。

習近平の政策は一貫性を欠いています。

財政の信用を失い、人民元が下落を続ける中国には、米国や日本からの投資が喉から手が出るほど欲しいはずです。にもかかわらず、中国政府は海洋進出を強行し、米日との対決も辞さない構えを崩していません。

中国経済が絶好調で外国資本に頼らなくてもよい時期であれば、強硬策に打って出るのも理解できますが、今は外国とケンカをしている場合ではないはず。お金を出してほしい相手のアメリカに、ケンカを売るような行為を続けているわけですから、理解に苦しみます。

習近平に判断能力がないのか、あるいは状況は理解できていても軍の統制がとれないのか……。2つにひとつでしょう。

Q84 フィリピンのドゥテルテ大統領は親米か？　親中か？

フィリピンの大統領、ロドリゴ・ドゥテルテは、南部ミンダナオ島のダバオ市長として麻薬組織の摘発に剛腕をふるい、２０１６年の就任前から、過激な発言で物議をかもしています。麻薬撲滅のために、警官が容疑者を射殺することを黙認しているなど過激な発言から、「フィリピンのトランプ」とも揶揄されています。

そんな強硬派のイメージが強いドゥテルテですが、外交ではしたたかな面も見せています。南シナ海で対立する中国に対して「戦争は選択肢にない」と発言し、経済的な援助を引き出しているのです。

そもそも中国は、フィリピンがケンカをして勝てる相手ではありません。

中国出身の華僑が大量にフィリピンに渡り、経済の主導権を握ってきた歴史もあります。今でも、フィリピン財閥の多くは華僑系で、富裕層も中華系が多い。混血も進んでいますから、中国とは本気でケンカするメリットはありません。

だからといって、ドゥテルテ大統領が「親中」というわけでもありません。

基本的な政治のスタンスは「反米」です。

フィリピンは19世紀末にアメリカ植民地となり、第二次大戦後独立しますが、実質的にアメリカの従属国でした。アメリカもフィリピンを見下してきた面があり、経済援助をちらつかせながら、米軍駐留を認めさせてきた経緯もあります。フィリピンからすれば、アメリカは「頼りになるけど、上から目線でむかつく」といった存在なのです。

そんなフィリピンでは、アメリカにつこうという「親米派」と、むかつくアメリカを排除しようという「反米派」が、交互に政権を握ってきました。そのため、駐留米軍を一時撤退させたものの、中国海軍の進出にあわてて米軍の再駐留を求めるなど、対応も揺れています。

前大統領のベニグノ・アキノは親米派。一方、ドゥテルテ大統領はナショナリストの反米派。アメリカが口を出してきたら、反抗的な態度をとる面があります。

麻薬犯の殺害を批判していたオバマ大統領に対して、「くそったれ」と発言したのも、彼のスタンスがよくあらわれています。また、ドゥテルテが大統領に就任してから、「米軍はフィリピンから撤退せよ」という声が再び高まっています。

したがって、中国との友好関係を演出しているのも、反米のあらわれといえるでしょう。アメリカを敵にまわすには、後ろ盾が必要ですから。

ちなみに、ナショナリストであるドゥテルテ大統領は安倍首相とは気が合うようで、フィリピンを訪問した安倍夫妻をバギオの実家に招待し、歓待しています。「類は友を呼ぶ」という意味では、ドゥテルテもトランプと実際に会ってみれば、意外と気が合うのかもしれません。

Q85 中国が尖閣諸島に執着する理由とは？

中国は、日本の尖閣列島に関しても異常な執着を見せています。なぜ、中国は尖閣諸島に手を出してくるのでしょうか。

答えは、地図を見れば一目瞭然です。東シナ海に位置する尖閣諸島は、台湾にも沖縄にも近い。ここに中国海軍の基地をつくれば、台湾にも沖縄にもにらみを利かすことができます。

中国には、鄧小平時代に立案した「海洋進出プラン」があります。プランには、2つの段階があるのですが、第一段階は沖縄とフィリピンを結ぶ「第一列島線」の西側、つまり東シナ海と南シナ海について中国海軍が押さえるというもの。

次の段階は「第二列島線」、小笠原諸島からグアム・サイパンを結ぶ線の西側を押さえること。ゆくゆくはグアム島の米軍基地を撤退させて、最終的に西太平洋を中国軍が押さえるというプランをあたためてきたのです。

中国は、台湾と沖縄を、「第一列島線」を制するための重要スポットと位置づけています。沖縄攻略の布石となる尖閣諸島に関しては、中国はもっと早く奪う予定でした。ところが、対中強硬派の安倍政権が誕生したことで、手こずっているというのが現状です。日本で民主党政権がもう少し続いていたら、今ごろ尖閣諸島は中国の手中に収まっていたかもしれません。

Q86 中国の領海侵犯がメディアで報道されない理由とは？

アメリカ軍の普天間基地移設をめぐり、沖縄県と日本政府の間で対立が続いています。実はこの背景にも、中国の海洋進出の影が見え隠れしています。

第一列島線を攻略するために、中国は本気で沖縄を狙っています。

これを実現するには、まず沖縄の米軍に撤退してもらう必要がある。そこで、中国は「琉球を日本から独立させよう」という奇策に出たのです。沖縄が独立して「外国軍隊」の撤収を要求すれば、米軍も自衛隊も出ていかざるを得ません。

中国の言い分は、「琉球はかつて中華帝国に対して朝貢（貢ぎ物を差し上げること）していたから」というもの。すでに中国共産党系のメディアが「琉球は日本ではない」というキャンペーンを張っています。「中華帝国は琉球の自治を認めてきたのに、日本は明治維新後に無理やり併合」と主張しているのです。だから「沖縄」とはいわずに、「琉球」と呼び、「琉球人の自主権を回復するんだ」と沖縄内外に向けて喧伝していま す。

こうした中国の扇動に応える人たちが日本にも出てきています。彼らを「琉球独立派」といいますが、北京で琉球独立派が沖縄独立に向けた研究会を開催するなど動きが活発化しています。もちろん、裏で糸を引いているのは中国共産党です。

こうした琉球独立の動きに乗り、援護射撃をしているのが沖縄のローカル紙。『琉球新報』『沖縄タイムス』という沖縄の2大地方紙は、毎日「米軍は出て行け」「沖縄は被害者だ」といった論調の記事を流す一方で、絶対に中国を非難しません。

現地に行ってみればわかりますが、一般の沖縄の住民ほとんどは日本から独立しようなどとは考えていません。現地のマスコミと一部の琉球独立派が声高に訴えているにすぎないのです。

もっといえば、沖縄で米軍基地反対のデモ運動をしている人たちの中に、実は沖縄の人はほとんどいません。大多数は本土から送り込まれた活動家で、彼らは普天間基地移転のための調査に入っていた沖縄県庁の職員に暴行したり、唾をかけたりといった行為をはたらいています。

翁長雄志《おながたけし》沖縄県知事は琉球独立派です。沖縄県警は沖縄県知事の指揮・命令下にありますから、独立派を取り締まることができない。そこで、東京の警視庁や大阪府警から警官が派遣され、活動家を押さえ込もうとしています。

デモ隊と揉み合いになった際に、大阪府警から派遣された若い警官がカッとなって、「土人どもが」と暴言を吐いたというニュースが報じられましたが、実はその相手は沖縄の人ではなく、大阪からやってきた活動家でした。要は、大阪人同士で罵り合っていたというおかしな構図になっているのです。

こうした沖縄の現実が大手メディアで報道されないのは、「日中記者交換協定」があるからです。中国に派遣された新聞社やテレビ局の特派員が取材活動をする条件として、「日中友好に反する報道はしない」という規定があるのです。

この規定を破ると、北京支局を閉鎖されてしまいます。実際に産経新聞の支局が閉鎖されて以来、日本の大手メディアは恐れをなして、中国に不都合な情報を報道しなくなってしまいました。今でも毎日のように中国は領海侵犯を繰り返しているのですが、日本ではほとんど報道されていないのは、そのためです。

中国は孫子の時代から情報戦を得意としてきました。武力行使をする前に、必ず偽の情報を流すなどして、敵を分断し、味方をつくることを得意としてきたのです。だから、日本の政治家は全員、中国の戦法を知るために、『孫子』を読んでおくべきだと思います。

Q87 北朝鮮は、なぜ中国の言いなりにならないのか？

2017年4月、北朝鮮（朝鮮民主主義人民共和国）の核・ミサイル開発をめぐり、アメリカが空母「カール・ヴィンソン」、「ロナルド・レーガン」、「ニミッツ」を相次いで朝鮮半島近海に派遣するなど、にわかに緊張が高まり、「第二次朝鮮戦争」の勃発が懸念される事態に至りました。

一方で、アメリカのトランプ大統領は中国の習近平国家主席と会談し、アメリカが北朝鮮に対して具体的な行動をとるまでの猶予期間として「100日間」を設定、中国に北朝鮮への圧力を強めるよう要求。猶予期間を過ぎると、北と取引のある中国の銀行に対する制裁に動き始めました。

「中国は、北朝鮮の暴動を止められるのか」、世界の注目を浴びています。

現在進行中の北朝鮮のニュースを読み解くには、まず中国と北朝鮮の歴史的な関係を押さえておく必要があるでしょう。

まずは中国大陸の全体像を俯瞰してみましょう。

歴史的にいえば、いわゆる「中国人」（漢民族）とは、万里の長城より南に住んでいた人たちのことを指します。

万里の長城より北側には、もともと満州人とモンゴル人がいて、朝鮮半島には朝鮮人が住んでいました。満州人とモンゴル人と朝鮮人。同じ北方アジア系の民族で、使用している言葉も似ています。朝鮮人は中国人とは民族が異なり、言葉も通じません。

17世紀になると、満州人が建国した清朝がモンゴルをのみ込み、ついには万里の長城を突破し、中国を統一しました。ですから、清朝の皇帝とは中国人ではなく、満州人です。清は広大な版図を誇り、チベットを保護領にするなどして、今日の中国領土の原形をつくりあげました。

1912年には、孫文による辛亥革命を経て、中華民国が成立、清朝による支配に終止符が打たれました。中華民国は漢民族、すなわち中国人による政権です。

中華民国が成立すると、今度は万里の長城を越えて、モンゴルや満州に侵攻。「元・清朝の領土は中華民国のものだ」という理屈のもと、チベットやウイグルに対する領有権の主張が始まりました。

そして、第二次大戦後、1949年に現在の中華人民共和国が成立。満州とモンゴルの南側（内モンゴル）、チベットを押さえ込みます。ただ、北の外モンゴルを領土とすることはできませんでした。

ちなみに、「満州」という地名は中国ではタブーで、「中国東北地方」と表現されます。中国はもともと異民族である満州人の独立運動を恐れているからです。実質、日本軍が建てた満州国については、「偽満州国」と書きます。日本の教科書にも影響が及んでいて、「満州」ではなく、「東北」という言葉を使いたがります。存在をなかったことにしようという話ですから、満州人に失礼です。

漢民族は、満州やモンゴルといった北方アジア系の民族をのみ込み、今の中国をつくりあげました。こうした歴史を振り返ってみると、モンゴルや満州の先にある朝鮮も同じように中国にのみ込まれる可能性は十分にあるということです。

歴史的に見て、朝鮮民族にとって最大の脅威は地続きの中国であり、このことが現在の中朝関係にも影響を与えているのです。

Q88 中国は北朝鮮の友好国なのか？

では、現在の中国と北朝鮮の関係性はどうなっているのでしょうか。

中国と北朝鮮は同じ共産主義であり、朝鮮戦争のときには中国は北朝鮮に加勢し、韓国やアメリカとも一戦交えました。近年も中国は北朝鮮にパイプラインで原油を供給しています。また、中国にとって北朝鮮は、在韓米軍から身を守る緩衝地帯の役割を果たしています。

こうした関係性から、中国と北朝鮮は「仲がよい」というイメージをもつ人もいますが、現実はそう単純ではありません。

中国と北朝鮮の国境は、鴨緑江という川で隔てられています。

かなり水深の浅い川なので、夏は簡単に渡ることができますし、冬には川面が凍るので歩いて渡れます。比較的、自由に越えることができる国境なのです。

そのため、朝鮮人は新天地を求めて、続々と満州に移住してきました。

朝鮮民族は南北朝鮮だけでなく、中朝国境の北側にも住んでおり、その数は数百万人に達するといわれています。彼らはキムチや焼肉を食べ、朝鮮語を話します。中国ではこの朝鮮人居住区を「延辺《えんぺん》朝鮮族自治区」と呼んでいます。

現在は国が割れていますが、朝鮮民族は「朝鮮統一の夢」を抱いています。それは南北朝鮮統一だけではありません。満州の延辺朝鮮族自治区も加えたものです。

ただ、仮にこれが実現するようなことがあれば、他の北方アジア系の民族が黙ってはいないでしょう。「朝鮮人が自分の国をつくったのなら、オレたちも」と満州人やモンゴル人（内モンゴル）も声を上げる。そうなったら、中華人民共和国は崩壊します。だから中国は、絶対に朝鮮の統一国家は認めません。

朝鮮統一は中国にとって「時限爆弾」ですから、今のように分断されたままのほうが都合がいいのです。こうした状況からいえるのは、中国にとって朝鮮は、基本的に「敵」だということです。中国が、北朝鮮を経済的に支援していることから、友好関係にあるように見えますが、実際のところ、中国は北朝鮮を敵視しています。経済支援をしているのも、北朝鮮の政権が自然崩壊し、朝鮮半島が統一されたら困るからです。

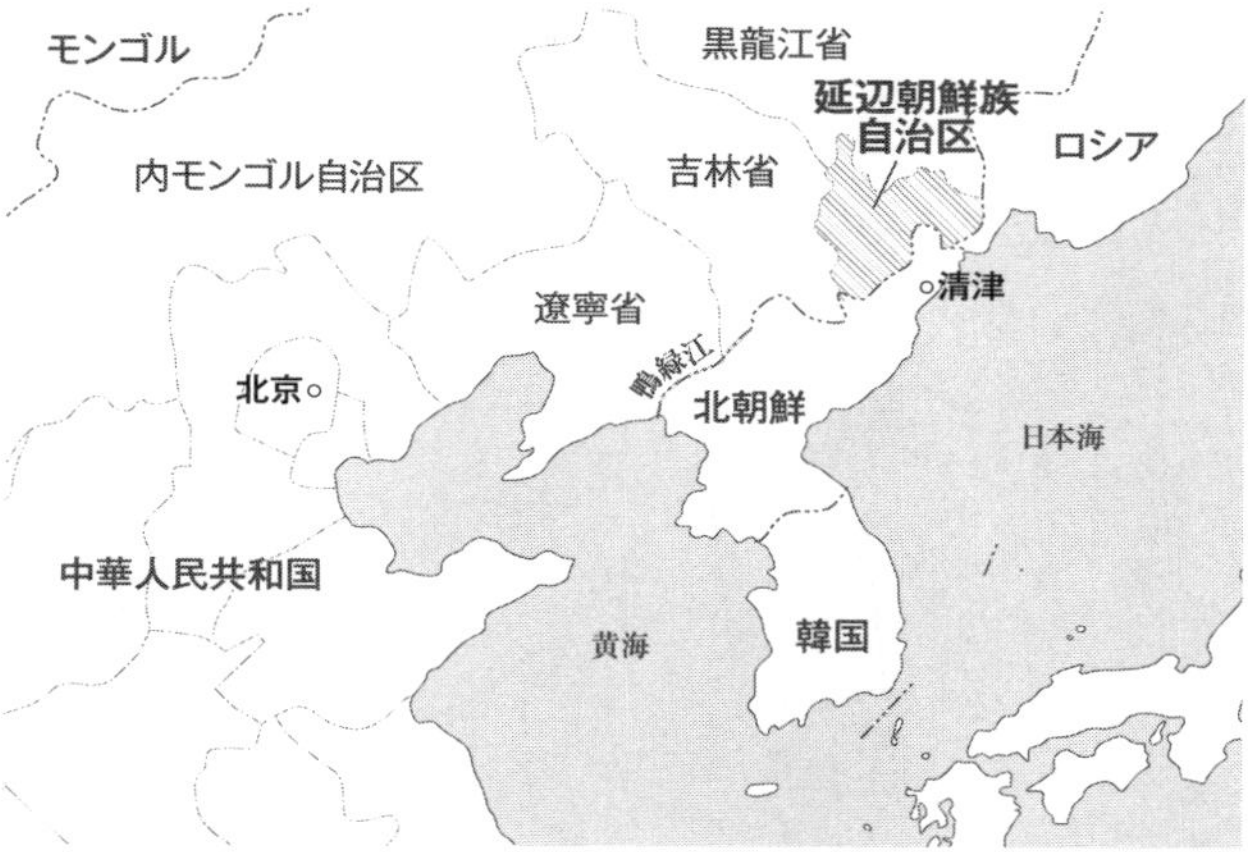

▲延辺朝鮮族自治区

中国と北朝鮮が友好関係にあるなら、現在のように北朝鮮が核兵器やミサイルの開発に躍起になっている状況を説明できないでしょう。核保有国の中国が本当に北朝鮮を守ってくれるなら、北朝鮮は核開発を急ぐ必要はありませんよね。北朝鮮から見ても、中国はいざというとき助けてくれないだろうと確信しているのです。

Q89 なぜ朝鮮半島はこれまで独立を維持できたのか？

朝鮮人は、中国のことをどう思っているのでしょうか。

歴史的にいえば、朝鮮は約2000年前の漢の時代から何十回も中華帝国に攻め込まれてきた過去があります。

漢の時代は、朝鮮半島北部まで植民地になり、「楽浪郡」という行政機関が置かれていました。そうした苦い記憶があるので、朝鮮人にとってのいちばんの脅威は、いつの時代も中国です。しかも朝鮮人は少数民族。中国とまともに戦っても勝てる見込みはありません。

そこで朝鮮は、国の独立を保つため、2つの方法をとってきました。

ひとつは、朝貢です。中国の皇帝に貢物を捧げ、君主として認めてもらう。形式上は頭を下げておき、その代わりに軍事占領されることを回避してきました。

もうひとつは、他の大国と手を組むこと。常に強者の側について安全を確保する。この朝鮮独特の生き残り戦術を**「事大《じだい》主義」**といいます。「事」は「つかえる」。「大国につかえて」生き残るのです。近代に入って中国の力が弱まると、他の大国と手を結んで中国の脅威に対抗してきました。

朝鮮の宗主国だった清朝が日清戦争に敗れると、朝鮮は日本と結んで独立を宣言し、三国干渉で日本がロシアに屈すると、今度はロシアと手を組むことを画策します。

　ところがロシアが、1904年に日露戦争で日本に敗れました。するとロシアではなく日本と手を組もうと前のめりになります。その結果、1910年に韓国併合に関する条約に調印。日本が朝鮮総督府を置くことになったのです。

「韓国併合」というと、日本が無理やり韓国を占領したというイメージをもっている人が多いでしょうが、そうではありません。もともとは「日韓合併」と呼ばれ、むしろ韓国のほうが積極的だったのです。

　当時、韓国では「一進会」という政治結社が中心となって、ロシアに勝利した日本の力を借りて韓国の近代化をめざそうという運動が活発化していました。韓国にも大日本帝国の一部になって発展を遂げたい、と考える勢力が存在したのです。実際、日本の統治時代を通じて、1919年の「三・一独立運動」を除いては、大規模な独立運動は起こりませんでした。日本の力が圧倒的だったからです。

　日米戦争の末期になると、日本軍に志願して入隊した朝鮮の若者も続出しました。神風特攻隊に志願し、米軍の空母に突っ込んだ若者もいます。朴槿恵《パククネ》前大統領の父である朴正熙《パクチョンヒ》元大統領も、日本軍に志願した1人。「日本軍に志願します」と血書を送ってきた朝鮮の若者として当時の新聞記事に載っています。

少し話がそれましたが、近代に入ると朝鮮はロシアと日本と友好関係を結び、戦後はアメリカやソ連の支援を受けて、中国の脅威に対抗してきました。朝鮮半島は地政学的にも大国に囲まれた小さな国ですから、必ず強い国と手を組み、生き延びてきたのです。

Q90 なぜ朝鮮半島は2つに割れたのか？

第二次大戦後も、生き残るために大国と組むという朝鮮の姿勢は変わりません。第二次世界大戦で日本が惨敗すると、今度は日本を倒した大国に近づきます。

ひとつはもちろんアメリカですが、もうひとつは、大戦末期に参戦し、満州や樺太を占領したソ連です。

ところが、今度は後ろ盾であるアメリカとソ連の間で冷戦が勃発。

その結果、アメリカ派とソ連派で朝鮮人は2つに割れてしまいます。在来朝鮮人の独立運動家である李承晩が、アメリカ米軍占領下で建てたのが大韓民国、ソ連領沿海州で、中国人や朝鮮人の抗日ゲリラを集めて組織されたソ連軍第88旅団に参加していた金《キム》日成《イルソン》が、ソ連軍占領下で建てたのが北朝鮮です。

もとをただせば、伝統的な事大主義で米ソ両大国を引っ張り込もうとした結果、朝鮮は南北に割れてしまったのです。

米ソの対立激化を背景に、1950年に、**朝鮮戦争**へと発展することになります。

国共内戦で敗れた蔣介石の中華民国政府が、1949年に台湾に移転したばかりで、アメリカは台湾を支持していました。台湾だけでなく、朝鮮半島全体がアメリカの影響下に入ることを恐れた中国は、北進していたアメリカ・韓国連合軍を押し戻すために北朝鮮の側につきました。中国の安全保障のためであり、北朝鮮と「仲がよい」から援軍を送ったわけではないのです。

Q91 アメリカと中国が電撃的に手を組んだのはなぜか？

朝鮮戦争が引き分けに終わったあとも、米ソ冷戦による緊張関係が続きますが、朝鮮半島の二国は、北緯38度線を境に均衡状態が保たれていました。

ところが、1970年代に入ると、冷戦状態に風穴を開ける出来事が起きます。

1972年、泥沼化するベトナム戦争に苦しんでいたアメリカのニクソン大統領が、アメリカ大統領として初めて中国を電撃的に訪問、毛沢東と会談し、米中共同声明を発表したのです。

米中関係を、対立から和解へと転換した狙いはどこにあったのでしょうか。

ニクソンは、こう考えました。

「ベトナム戦争からは手を引きたいが、共産主義の拡大も困る。ソ連と中国は共産党政権だけれども、歴史的には領土問題もあって、本当は仲が悪いはず。だから中国と国交を回復してソ連を孤立させれば、中国とソ連の間にくさびを打ち込めるはず」

ニクソン訪中によって、アメリカはそれまで支援してきた台湾を見捨て、北京政府に乗り換えたのです。

これは、ソ連をけん制するのがいちばんの目的でしたが、もうひとつ狙いがありました。巨大な中国市場です。中国ビジネスでひと儲けしたいアメリカの財界がバックにつき、ニクソンに訪中を促したのです。

ニクソン訪中で、激しく動揺した国があります。韓国です。

これまでの米ソ冷戦を通じ、一貫してアメリカ側に立ってきた韓国としては、アメリカが、敵であるはずの中国に寝返ったと映ったのです。この頃から韓国国内では「アメリカは裏切った」と反米感情が高まるようになります。そして、当時の大統領だった朴《パク》正煕《チョンヒ》（朴槿恵《パククネ》の父）は、中国や北朝鮮の脅威に対抗するため、韓国の核武装を本気で検討し始めました。

朴正煕の核武装構想はアメリカにバレて、米韓関係は悪化。

結局、朴正煕は任期中にＫＣＩＡ（韓国中央情報部）長官によって殺害されてしまいます。その背後では、アメリカのＣＩＡ（中央情報局）が暗躍していた可能性も指摘されています。

ここまでの経緯を見れば、朴正煕の娘である朴槿恵前大統領が、アメリカのことをどう見ていたか、おおよそ見当がつきます。彼女の立場としては、「パパは、アメリカに殺された」というのが素直な反応でしょうから、在任中アメリカよりも中国に接近したのも理解できます。


余談になりますが、ニクソン訪中にショックを受けた国がもうひとつあります。

韓国と同じくアメリカ側についていた、日本です。

アメリカから何も知らされていなかった当時の首相、田中角栄は、アメリカの裏切りに衝撃を受けて、反旗を翻そうと画策します。それまでアメリカのいいなりで、サウジアラビアなど中東の親米政権から買ってきた石油を、インドネシアなどの他の国から輸入しようと検討しました。

ところが、1976年、ロッキード事件が起こります。アメリカの航空機製造大手のロッキード社による旅客機の受注をめぐり、あかるみに出た世界的な大規模汚職事件です。これにより、田中角栄前首相も収賄の疑いで逮捕されます。想像の域を出ませんが、朴正煕と同じようにアメリカが裏で糸を引いていたとしても、不思議ではありません。

Q92 なぜ韓国は、中国の戦勝パレードに出席するのか？

大事なことなので繰り返しますが、歴史的に見て朝鮮民族は、いちばん強い国についていくことでわが身を守ってきました。

韓国は、ニクソン訪中というショッキングな事件はあったものの、冷戦終結までアメリカを頼りにしてきました。朝鮮戦争以来、韓国はずっとアメリカに忠誠を誓っていたのです。

ところが、リーマンショックが発生すると、アメリカの力に陰りが見え始めます。しかも、オバマ大統領がトップになると、「世界の警察をやめる」と宣言、同盟国の米軍基地撤退を検討するといい出します。

それを聞いた韓国は、急に不安になります。アメリカが頼りにならないのであれば、他の大国につくしかない。しかし、ロシアはとても頼れるだけの体力はない……。となれば、残る国は一つしかありません。経済大国として成長著しい、中国です。

「冷戦時代と違って、中国は市場経済に移行し、韓国に攻撃をしかけてくるような切迫した脅威もない」

そう考えた李明博《イミョンバク》大統領と、次の朴槿恵《パククネ》大統領は、急速に中国に接近しました。当時は中国経済が絶好調だったので、中国市場に進出する韓国企業が儲かることも、韓国政府にとっては魅力的でした。

２０１５年、「抗日戦勝70周年記念式典」が北京で開催され、大々的に軍事パレードが行われます。このとき、当時の朴槿恵大統領も中国に招待され、習近平やプーチンと並んで、晴れやかな顔でパレードを見守りました。日本と戦っていないどころか、日本兵として連合国と戦った韓国の大統領が招待されたのもおかしな話ですが、朴槿恵が習近平の招きに応じて駆けつけたのは、中国に対する忠誠の証といえるでしょう。

「従軍慰安婦問題」を何度も蒸し返し、日韓の信頼関係を壊していったのも、反日中国に対する求愛と考えれば理解できます。

こうして、韓国が中国寄りに舵を切っている間に、アメリカとの関係は悪化し、今、米韓同盟の糸は切れかかっている状態です。

ところが華麗なる寝返りをしたはずの韓国は今、困った状態に置かれています。2016年、中国経済は大失速。対中輸出が止まってしまった韓国企業が次々と窮地に立たされているのです。後ろ足で砂をかけられる格好となったアメリカや日本は、もはや助けてくれません。そんな中、朴槿恵大統領の辞任と逮捕、親北朝鮮派の文在寅《ムンジェイン》政権の誕生で大きく揺れる韓国は、まさに混乱の渦中にあるのです。

Q93 韓国ロッテが中国政府から営業妨害を受けたのはなぜ？

韓国の朴槿恵大統領が、大統領の座を追われたのを受けて、2017年5月、「ともに民主党」の文在寅が新大統領に就任しました。朴槿恵は、友人で側近でもある崔順実《チェスンシル》の国政介入問題によって罷免され、逮捕されました。

新政権の誕生で、韓国はどう変わるのでしょうか。アメリカや中国、北朝鮮との関係はどうなるのでしょうか。

ひと言でいえば、韓国はアメリカや中国に頼ることなく、独自路線を歩もうとするでしょう。これまでの韓国政治は、アメリカを後ろ盾として北朝鮮と対立姿勢をとる「親米派」と、北朝鮮との朝鮮半島統一を支持する「新北派」の２大政党がしのぎを削ってきました。

前大統領の朴槿恵は「親米派」のセヌリ党出身の政治家です。

しかし朴槿恵《パククネ》は、影響力に陰りが見えたアメリカに見切りをつけて、中国にすり寄っていきました。したがって、かつての「親米派」が鞍替えして、現在は「親中派」となっている状況です（ちなみに、韓国の政党は２、３年ごとに党名が変わるので、名前を覚えてもあまり意味がありません）。

北朝鮮での有事に備えて、アメリカから「ＴＨＡＡＤ《サード》」というミサイル迎撃システムを韓国内に配備することを要求されても、当時の朴槿恵大統領とセヌリ党は、なかなか配備を決定しませんでした。

なぜなら、中国が「ＴＨＡＡＤ」の配備に大反対していたからです。

ＴＨＡＡＤ配備とは、表向きは北朝鮮のミサイルを迎撃するシステムのことです。そのレーダーは朝鮮半島全域のみならず、北京、上海までカバーする能力をもつため、中国のミサイルも無力化することが可能です。親中派である朴槿恵政権は、中国を敵にまわすことは避けたいので、決定を先送りしていたのです。

そんな煮え切らない態度をとる朴槿恵政権に対して、アメリカがしびれを切らし、「THAADを配備しないなら、米軍は韓国を見捨てる」と脅しをかけると、ようやくTHAADの受け入れを決めました。

ところが、今度は中国が激怒。報復措置をとります。

THAAD配備の敷地を韓国政府に提供した財閥ロッテの中国国内の店舗が、営業停止処分に追い込まれます。さらに、税務調査が入って営業活動に支障が出たほか、韓国のキラーコンテンツである韓流ドラマも、すべて放送禁止に……。あからさまな韓国たたきが行われました。これまで後ろ盾としてきたアメリカと中国の二大国の間で、韓国は右往左往させられる事態となってしまったのです。

一方、「ともに民主党」の文在寅《ムンジェイン》大統領は、「親北派」の政治家です。

親北派は、反米感情の裏返しのような面があり、韓国国内では一定の支持を集めています。そういう意味では、フィリピンと似ているところがあります。

「北朝鮮と仲良くして、共に連邦国家をつくろう」というのが、文在寅の基本的な政治スタンスです。いわゆる「民族派」なので、「朝鮮民族、万歳《マンセー》！」というのが本音。したがって、北朝鮮との緊張関係を緩和させることを第一とし、アメリカや中国には面従腹背という立場をとることになるでしょう。

もし金正恩《キムジョンウン》政権が崩壊したときには、文在寅政権が金正恩の亡命を受け入れて、韓国自体が北朝鮮寄りになっていく可能性もゼロではありません。

そんな文在寅政権の誕生に、気をもんでいるのは中国です。

朴槿恵は中国のいうことを聞いてくれるから御しやすかったのですが、文在寅政権は中国に尻尾を振ってくる可能性が低いからです。実際、THAAD配備の報復措置を撤廃するよう求めるなど、文在寅政権は中国に対して強く出ています。

朝鮮戦争以来、戦時における韓国軍の指揮権は、在韓米軍司令官が握ることになっており、これを戦時統制権といいます。このままでは韓国は軍事的な従属国と見られても仕方ありません。アメリカと手を切るほどの度胸はなかった李明博・朴槿恵政権は、この問題を先送りしてきました。

その点、文在寅は、アメリカに気兼ねする必要はありません。戦時統制権の返還を要求し、トランプが「どうぞどうぞ」とこれに応じて在韓米軍の撤収を始めたとき、韓国は完全に「あちら側」になってしまったと考えてよいでしょう。

Q94 なぜ北朝鮮はミサイル開発をやめないのか？

韓国で文在寅政権が誕生した一方で、北朝鮮は金正恩が核・ミサイル開発によって周辺国を威嚇し、暴走しています。トランプ大統領の要請で、これまで経済支援を続けてきた中国が北朝鮮に圧力を強めているともいわれていますが、核・ミサイル開発は止められていません。

なぜ、北朝鮮はどの国のいうことにも、耳を貸さないのでしょうか。歴史を振り返ってみましょう。

北朝鮮は朝鮮戦争の後、独自路線を歩み始めます。朝鮮戦争では、中国の援軍を得て韓国軍・米軍の連合軍と戦いましたが、もともと中国からは何度も攻め込まれた歴史があります。かといって、ソ連の属国になるつもりもない。そこで北朝鮮は、ソ連や中国

図5　北朝鮮と米中韓

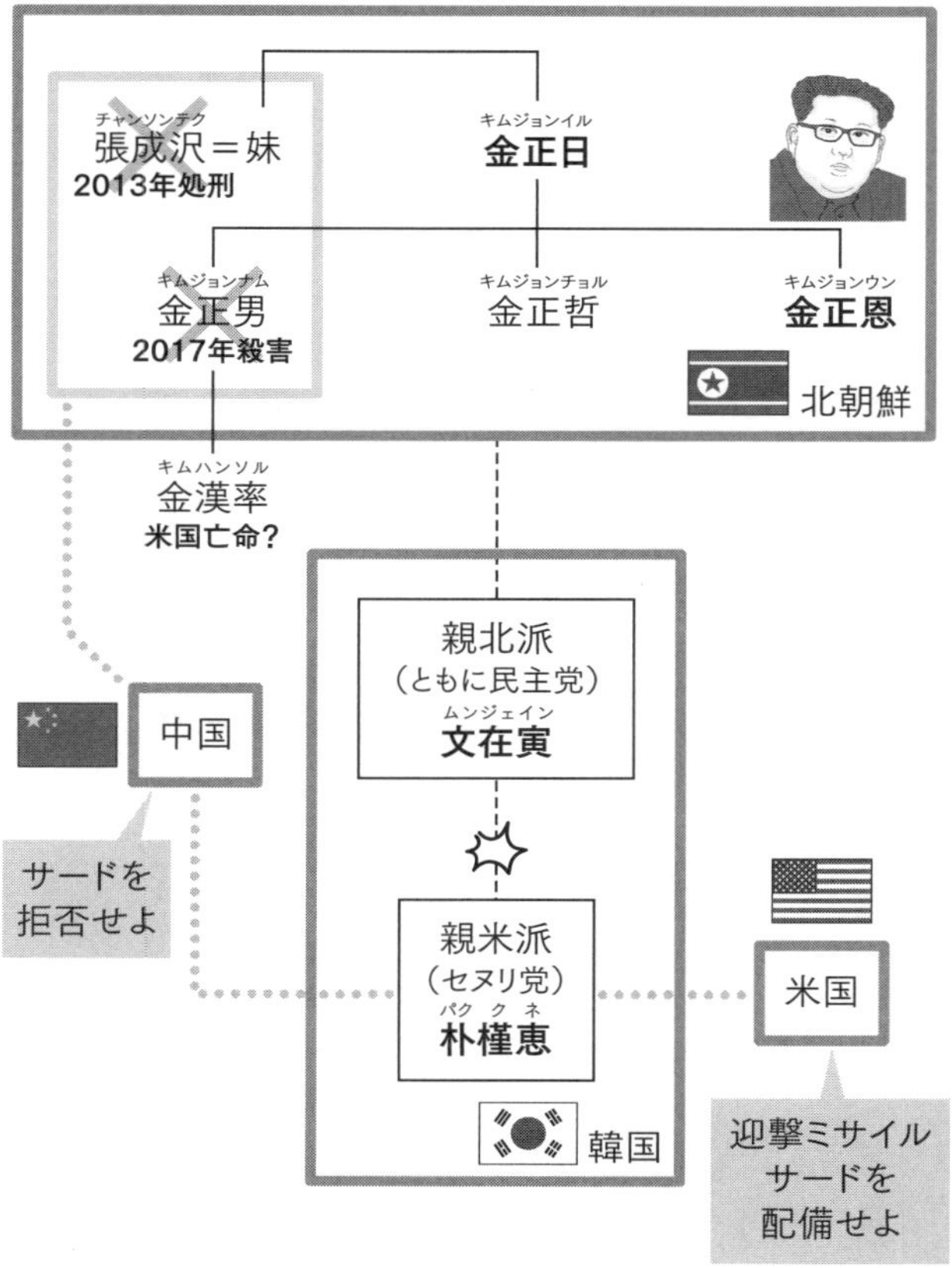
張成沢《チャンソンテク》＝妹
2013年処刑
金正日《キムジョンイル》
金正男《キムジョンナム》
2017年殺害
金正哲《キムジョンチョル》
金正恩《キムジョンウン》
北朝鮮
金漢率《キムハンソル》
米国亡命?
親北派
（ともに民主党）
文在寅《ムンジェイン》
中国
サードを
拒否せよ
親米派
（セヌリ党）
朴槿恵《パククネ》
米国
韓国
迎撃ミサイル
サードを
配備せよ

とは違った社会主義として、独自路線をとり始めます。

北朝鮮を建国した金日成は、政治の自主、経済の自立、国防の自衛を強調し、朝鮮民族が主体的に生きるためには、首領の指導が必要だとしました。これを**「主体《チュチェ》思想」**といいます。

要は、事大主義を捨てたわけです。ところが主体思想の実際の中身は「首領様を無条件で崇拝しなさい」という個人崇拝の強制だったのです。こうして金一族による支配体制が確立されていったのです。

その後、冷戦終結でソ連は崩壊、中国は市場経済に移行し、実質、社会主義を放棄しました。ところが、北朝鮮は独自路線を貫くことによって、いまだに「社会主義」を続けています。中国やロシアといった旧社会主義国の影響力が及ばず、北朝鮮が傍若無人な振る舞いを続けているのは、北朝鮮の歴史や独自の思想が関係しているのです。

Q95 金正男が暗殺されたのはなぜか？

２０１７年2月、マレーシアのクアラルンプール国際空港で、金正日《キムジョンイル》の長男であり、金正恩《キムジョンウン》の異母兄である金正男《キムジョンナム》が、神経性のＶＸガスで暗殺されました。金正恩によって殺害されたと報道されていましたが、衝撃的な事件の背景には、何があったのでしょうか。

現在の北朝鮮のトップである金正恩は、祖父や父と同じ「民族派」です。したがって、中国に対して強い敵対意識をもっています。中国の制止を無視して核・ミサイル開発を続けているのもそのためです。

一方、中国にとっても北朝鮮は「敵」です。かつて朝鮮戦争では助けてやったのに、恩義も感じず勝手な振る舞いを続ける金正恩を亡き者にしたいというのが本音でしょう。

とはいえ、中国が直接攻め込んで政権を滅ぼせば、北朝鮮の国民に恨まれます。そこで中国は、政権トップの首をすげ替えて、金正恩に代わる傀儡政権をつくり、間接統治をするのがベストだと考えているのです。

実際に間接統治を成功させるには、北朝鮮の国民が認める指導者でなければ成立しません。北朝鮮の国民にとって、三代にわたって君臨してきた金一族は王族のような存在。金一族の誰かに、傀儡政権のトップに座ってもらうのが、具合がいいのです。

そこで白羽の矢が立ったのが、金正恩の異母兄である金正男。

父の金正日は末弟の正恩を可愛がり、兄の正男は勘当してしまいました。命の危険を感じた金正男は、中国のマカオで亡命生活を送っていました。つまり、正男のバックには中国がついていたのです。もう一人、次男の金正哲《キムジョンチョル》という人がいますが、まったく表に出てきません。

実は、北朝鮮の政権内部にも正男を支援している人物がいました。当時、政権のナンバー2だった張成沢《チャンソンテク》です。彼は金正日の妹の夫ですから、正男、正恩兄弟にとっては叔父にあたります。

もともと張成沢は経済官僚出身なので、「統制経済では国はもたない。中国のように市場経済に移行すべきだ」という持論をもっていました。なのに、金正恩は聞く耳をもたない。そこで、彼を辞めさせて、金正男をトップにしようと企んでいたのです。

しかし2013年、この陰謀が金正恩に気づかれます。怒り狂った金正恩は、叔父である張成沢《チャンソンテク》と、その親族全員を捕まえて、反逆罪で公開処刑します。これを**「張成沢事件」**といいます。

金正恩が叔父らを「裏切り者」と断じ、残酷な方法で粛清したことで話題になりました。張一族の子どもたちまで容赦なく処刑したことからも、金正恩がいかに彼を恨んだかがうかがえます。

そのとき、金正男は中国の保護のもと、マカオに滞在していたので無事でした。

しかし、この事件を機に、正男は、金正恩の地位を脅かす存在として命を狙われるようになったのです。


北朝鮮で粛清の嵐が吹き荒れている頃、アメリカと中国が金正恩排除で手を組むことを決めたという情報もあります。金正恩は急ピッチでミサイル開発を進め、その性能もアメリカ本土に届くほどにアップしていました。

「このまま金正恩を放っておいたら危険だ」

そうアメリカも判断したわけです。

金正恩を殺害し、すぐにマカオの金正男を傀儡政権のトップに担ぎ上げる、あるいは金正男を韓国に亡命させて韓国に北朝鮮亡命政府をつくらせる、といったプランをアメリカ政府が承認したともいわれています。

亡命政府からの要請ということであれば、米軍も堂々と北朝鮮に攻め込むことができます。中国にとっても金正恩政権を倒し、金正男の傀儡政権が誕生すれば、願ったりかなったりです。

　こうしたプランが、ひそかに進んでいたのを金正恩が察知し、「どんな手を使ってもいいから正男を殺せ」と指令が下った。そこに無防備な金正男がふらりとあらわれて殺害された。これが金正男殺害事件の真相ではないかと予測します。

Q96 北朝鮮崩壊の「Xデー」はいつなのか？

　金正男を暗殺したことにより、金正恩政権は完全にアメリカと中国を敵にまわす結果となりました。そうなると、アメリカと中国は、本気で金正恩政権の転覆をねらいます。いわゆる北朝鮮の「Xデー」が刻一刻と迫っているといえます。

　金正恩はもともと疑心暗鬼な性格ですから、アメリカと中国が金正恩の首をすげ替えようと画策していることを知った今、自分に代わって新政権のトップになり得る人物は、すべてこの世から抹殺しようと考えるでしょう。

　金正恩の代わりになり得る、金一族の人物は2人います。

　ひとりは、金正恩のもう一人の兄である金正哲《キムジョンチョル》。

　正男が長男、正哲が次男で、金正恩は三男にあたります。正哲と正恩の母親は同じで、大阪生まれの在日朝鮮人二世である高英姫です。

金正哲は現在、北朝鮮にいますが、政治には興味はないという姿勢を貫き、政治の表舞台にはまったく出てきません。少しでも政治的野心を出せば、金正恩に命を狙われかねませんから、そうせざるを得ないのが実情でしょう。ただ、金正哲はいつ殺害されても不思議ではありません。

もうひとりは、殺害された金正男の息子である金漢率《キムハンソル》。

現在、彼は20代前半。マカオで生活していました。成績も優秀で、オックスフォード大学に留学する予定でしたが、暗殺計画を聞いて取りやめたとされています。彼も金一族の血を引いているわけですから、政権のトップに座る資格を十分に備えています。父・正男の暗殺後、漢率はマカオの隠れ家から姿を消し、ＹｏｕＴｕｂｅに「自分は安全なところにいる」というビデオメッセージをあげています。アメリカに亡命した、とのうわさもあります。いずれにしても、身内の殺し合いをしている状態ですから、王朝末期といえます。

ここからは私の予測ですが、金正恩のＸデーは、遠い将来の話ではありません。

金正恩は、側近たちも片っ端から疑っています。会議で居眠りをしていただけで殺害されるくらいです……。側近の多くは「次は自分の番だ」と戦々恐々としているはずです。そうなると、金正恩を本気で守りたいという側近は誰一人いなくなるでしょう。むしろ金正恩を恨んでいる連中ばかり。彼らがアメリカや中国の誘いに乗れば、金正恩政権はおしまいです。

金正恩を倒したあとのトップが誰になるかは不透明ですが、アメリカの承認を受ける形で親中の傀儡政権が誕生する。そんなシナリオが、日に日に現実味を帯びてきています。

Q97 アメリカは北朝鮮を攻撃するつもりがあるのか？

核・ミサイル開発を続ける北朝鮮に対して、アメリカと中国が裏で手を組み、金正恩政権の崩壊を画策するなか、２０１７年４月、トランプ政権が原子力空母を朝鮮半島周辺に派遣するなど、一触即発の緊張状態になりました。

アメリカが本気で北朝鮮を攻撃すれば、北の反撃でソウルが火の海になり、日本本土にも北朝鮮からのミサイルが飛んでくる可能性もニュースで報じられました。北朝鮮が一線を越えなかったことで、最悪の事態は回避されましたが、トランプ政権は、北朝鮮に対する圧力を弱める気配はありません。

アメリカが攻撃をしかけるとすれば、空爆によって管制システムを破壊し、核ミサイルの発射を未然に防ぐと同時に、金正恩の殺害も狙うことになるでしょう。管制システムと指導者を同時に失えば、北朝鮮は核ミサイルを発射することはできないからです。

当然、米軍は作戦プランを立てて、実戦に即した訓練をしているはずです。

しかし、米軍が北朝鮮を攻撃した場合、北朝鮮の反撃を招くことになり、日本も無傷ではいられません。

もちろん、日本の在日米軍基地は攻撃対象に含まれますし、東京などの都市に向けて弾道ミサイルが発射される可能性もあります。

仮に北朝鮮が弾道ミサイルを撃つ能力を失ったとしても、日本には北朝鮮の工作員が数千人も潜伏するといわれますから、東京や大阪の地下鉄、新幹線、あるいは原発施設で一斉にテロを起こす危険性もあります。金正男を殺害したＶＸガスが、日本の各都市でばらまかれれば大惨事となります。

トランプは「レッドラインを越えたら容赦なく攻撃する」といっていますが、同盟国である日本や韓国の犠牲をどこまで許容できるのか、トランプ政権内部で深刻な議論が続いています。これを金正恩が「トランプの弱さ」と誤認し、さらに緊張を高めていけば、破局は突然やってくるでしょう。

Q98 日本人拉致問題は解決するのか？

仮に金正恩政権が崩壊したら、どうなるのでしょうか。

当然、日本にも影響が及ぶこととなります。

日本にとってプラスとなるのは、拉致問題の解決です。金正恩政権が倒れれば、金一族による犯罪がすべてあきらかになり、生存している日本人が帰国する道が開かれます。

ちなみに、金正恩がもっと賢い人物であれば、「拉致は父・正日がやったことで、私は知らなかった」といって拉致被害者を日本に返し、その代わり、日本と国交を結び、経済援助をとりつけて中国に対抗する、といった戦略も考えられたはずです。

しかし、金正恩は金正日を崇拝しているので、父の過去を否定するような取引には応じませんでした。残念でしかたありません。

一方、マイナスの影響は、難民が日本に押し寄せてくる問題です。金正恩の排除に手こずれば、正恩派と反正恩派との間で内戦が勃発する可能性があります。

そうなると、1989年、独裁政治を行っていたチャウシェスク大統領の共産党政権が倒され、内戦に発展した「ルーマニア革命」と同じような展開になると予想できます。戦火を逃れた難民が大量に発生するでしょう。北朝鮮から船に乗れば、すぐに日本にたどりつきますから、日本政府は今から準備をしておく必要があります。最終的には、韓国に引き取ってもらうのが現実的な対応になるでしょう。

Q99 なぜロシアは北朝鮮の肩をもつように見えるのか？

もうひとつ、日本が看過できない悪い影響があります。

仮に中国の思惑通りに金王朝が崩壊し、親中政権が誕生したとします。この場合でも、日本は「よかった。一件落着だ」で済ませることはできません。

もし親中政権が誕生すれば、いちおう独立国家であっても、実質的には中国の保護国のような扱いになると想定されます。そうなると、中国軍が北朝鮮まで侵入します。日本海沿岸の重要な港湾都市、清津《チョンジン》などの港を、中国海軍が堂々と使用できるようになるのです。

現状では、中国軍は東シナ海に出ることはできても、日本海に出ることはできません。日本海に面した北朝鮮の港を使えるようになれば、中国海軍は、津軽海峡や宗谷《そうや》海峡を自由に航行できるようになります。

すると、北方領土の近海に中国の軍艦が頻繁に顔を出すようになるでしょう。

第2章で「中国が極東ロシアの港を狙っている」という話をしましたが、北朝鮮問題の行方次第では、同じ状況が生まれる可能性があります。現在、北方領土は日本とロシアの問題ですが、中国が北方四島の近くに出入りするようになれば、今度は中国が北方四島に口出ししてくる可能性さえあります。

したがって、日本にとっては、北朝鮮と中国がもめている状態が、実はいちばん都合がよいのです。そういう意味では、ロシアも同じです。基本的にロシアにとって中国は「敵」ですから、中国がオホーツク海周辺で幅を利かすような展開は期待していません。ロシアも、北朝鮮と中国が対立を続けることを望んでいるのです。

Q100 北方領土問題は解決するのか?

最後に、日本とロシアの**北方領土問題**について見ておきましょう。

２０１６年12月、安倍首相の故郷である山口県で、安倍首相とプーチン大統領による日露首脳会談が行われ、「択捉島、国後島、色丹島及び歯舞群島」の北方四島について、日本とロシアによる共同経済活動に関する協議を開始することで合意しました。

北方四島の返還を期待した人たちからは、がっかりする声も聞かれましたが、果たして、本当に北方四島は返ってくるのでしょうか。


まずは、北方領土が置かれている現状を把握しておく必要があるでしょう。

北方領土問題をひもとくには、「主権」と「施政権」の理解が欠かせません。

「主権」とは国家権力のことで、当然、日本列島には日本の国家権力が及んでいます。

しかし、１９４５年8月にロシア軍（ソ連軍）が侵攻して以来、北方四島には日本の国家権力は及んでいません。日本人が勝手に北方四島に上陸すれば、ロシア警察に逮捕されます。プーチンは、「南クリル諸島（北方四島）の主権はロシアがもつ」と主張して譲りません。これが現実です。

北方領土の主権を日本が取り返したいのなら、もう一度ロシアと戦争をして、勝利するしか道はないでしょう。ということは、日本は核武装をする必要がありますが、それは現実的ではありません。

そこで、次のシナリオとして、ロシアの「主権」を認めつつ、「施政権」だけは返してもらうというプランを日本政府は模索しています。

「施政権」とは、行政権のこと。平たくいえば、北方領土の住人に対して日本政府が行政サービスを提供すること。主権の象徴であるロシア国旗を掲げてもかまわないが、「施政権」を返してください、北方四島のインフラ整備は日本政府がやりましょう、将来は、治安維持も北海道警察が担当します、というわけです。

実は、このやり方には前例があります。

沖縄です。日本の敗戦により、沖縄に米軍が進軍してきました。

このとき、沖縄の主権は日本がもっていましたが、米軍が施政権を握っていました。したがって、北方領土で同じようなスキームができても、何らおかしい話ではないのです。

まずは施政権を取り返すことが安倍政権のシナリオですが、プーチンが簡単に認めるとも考えにくいでしょう。なぜなら、ロシアが譲歩して施政権を渡すようなことをすれば、中国人が大勢入り込んでいる沿海州などでも「われわれにも行政権を認めろ」という声が起きかねないからです。だから、プーチンは北方領土でも、今までどおりロシアが主権と施政権をもつといって、譲歩しませんでした。そこで安倍首相は、２０１６年12月の日露首脳会談の席で、こんな提案をしました。

「北方領土での共同経済活動について、ロシアでもない日本でもない特別な行政機構をつくりませんか。もちろん、ロシアの主権は脅かすことはありません」

要するに、ロシア主権の下、ロシアと日本が共同施政権をもちませんか、という新しいアプローチです。

これはロシアにとっても悪い提案ではありません。

実はロシアにとって北方四島はお荷物状態だからです。水産業のほか、たいした産業がない北方四島は、経済的にも低迷しており、ロシア人が住みたがらない。医療費を無料にするなどの莫大な援助を与えて、島民に住んでもらっているというのが現状です。したがって、日本からの公共投資が入り、経済的に発展すれば、ロシア人も住みやすくなりますから、メリットは小さくありません。

現在、北方領土での共同経済活動については、具体的に話を詰めている段階で、今後の展開は不透明です。ただし、これまで「北方領土を返せ！」の一点張りで交渉にもならなかった頃と比べれば、一歩も二歩も前進したといえます。

図6　北方四島をどうするか？

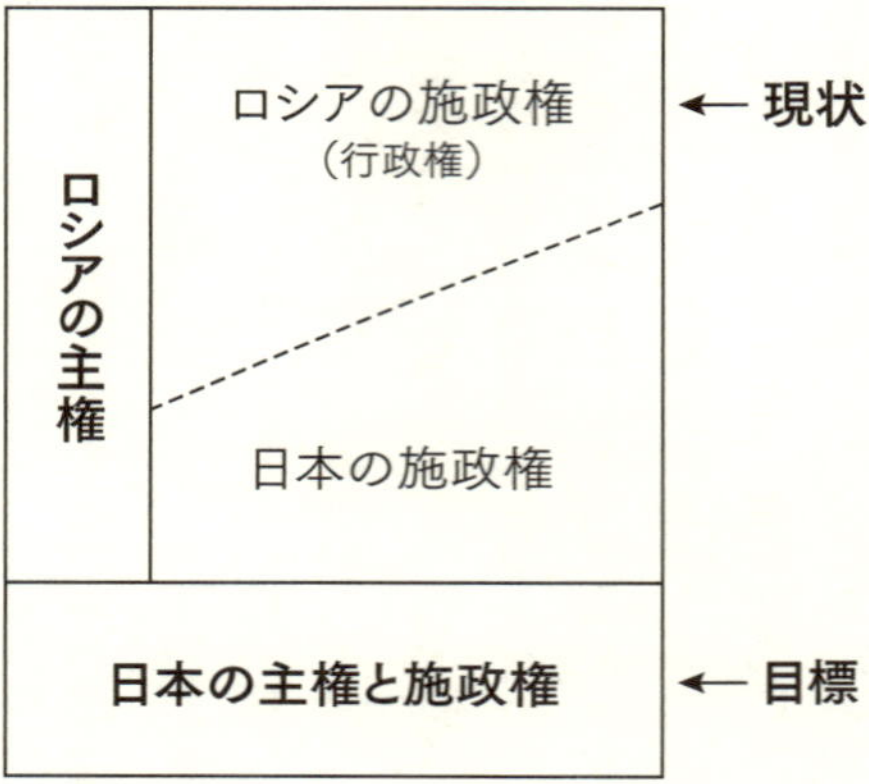

今後の問題は、日本の世論が安倍首相の提案を認めるかどうかです。

山口での日露首脳会談後、共同施政権に関するプランが発表されると、これまで安倍首相を支持してきた保守層から「日本は主権を放棄した。安倍はけしからん！」という批判が巻き起こりました。

しかし、先述したように、主権を取り戻すにはもう一度戦争するしかないのです。「四島返還は絶対に譲らない」という声が強くなれば、また八方ふさがりに戻ることになります。

現実を見れば、北方四島出身の元島民はみなさん高齢になっています。一方、北方四島で生まれ育ち、一生を過ごすロシア人は増えている。つまり、時間が経てば経つほど、ロシアの主権が固まることを意味します。「四島返還」にこだわり、時をムダに重ねていけば、本当に手遅れになってしまうのです。

そうした状況にくさびを打ち込んだのが、安倍政権の「共同施政権」という提案です。いずれにしても、日本人はいよいよ本気で北方領土の将来について考えなければならない状況に置かれているのです。

おわりに

最後までお読みいただき、ありがとうございます。
それでは、最後の質問です。

Q101 日本が北方領土を取り戻すシナリオとは？

もし安倍首相が進めるロシアとの共同経済活動がうまくいけば、将来、北方領土の主権が日本に返還される可能性も出てきます。

共同経済活動の名目で日本人の出入りが自由になり、四島を特区として法人税免除などの優遇を与えれば、日本の水産メーカーなどがどんどん進出し、北方領土に移住する日本人労働者が増えていきます。一方、北方領土に住みたがるロシア人は少なく、ロシア人は短命なので、相対的にロシア人の人口は減少していきます。

すると50年後には、日本人の数がロシア人を上回っているかもしれません。

その段階であらためて住民投票を実施して、北方領土の主権を問えば、日本に主権が戻る可能性があります。これは、プーチン大統領がクリミア併合でとった手法と同じですから、ロシアは文句をいえないはずです。

ただし、このシナリオには、ひとつ欠点があります。

北方四島に移住する日本人がどれだけいるか、という問題です。

北海道でさえ人口が減っているのに、それよりも自然環境が厳しい土地に移住したいと思う日本人は多くないでしょう。

そこで、私の提案です。

「退役自衛官や予備自衛官を民間人として北方領土に送り込む」というものです。

たとえば、10年間、北方領土で頑張れば退職金をドカンと出すなど特別待遇をもうければ、屈強な若者が海を渡ってくれる可能性があります。突飛な発想に聞こえるかもしれませんが、これくらいのことをしなければ、日本は北方領土の主権を取り戻すことはできない。

それもまた現実なのです。

著者略歴

茂木　誠（もぎ・まこと）

東京都出身。駿台予備学校世界史科講師。ネット配信のN予備校世界史講師。首都圏各校で「東大世界史」国公立系の講座を主に担当。iPadを駆使した独自の視覚的授業が支持を集めている。
著書に世界史の参考書・問題集のほか、一般書として『経済は世界史から学べ！』（ダイヤモンド社）、『世界史で学べ！地政学』（祥伝社）、『世界史を動かした思想家たちの格闘』（大和書房）、『日本人の武器としての世界史講座』（ビジネス社）、『マンガでわかる地政学』（池田書店）、など多数。本書は、10万部を突破した『ニュースの“なぜ？”は世界史に学べ』（SBクリエイティブ）のシリーズ第二弾。

・もぎせかブログ館
政治・経済・外交・軍事など時事問題中心のブログ

・もぎせか資料館
大学受験世界史の解説・講義（録音）・ノート・問題集

SB新書　405

ニュースの“なぜ？”は世界《せかい》史《し》に学《まな》べ2

日本人《にほんじん》が知《し》らない101の疑問《ぎもん》

2017年9月15日　初版第1刷発行

著　者　茂木《もぎ》 誠《まこと》

発行者　小川 淳
発行所　SBクリエイティブ株式会社
〒106-0032　東京都港区六本木2-4-5
電話：03-5549-1201（営業部）

装　幀　長坂勇司（nagasaka design）
組　版　白石知美（システムタンク）、キャップス
地図制作　斉藤義弘（周地社）
本文デザイン　荒井雅美（トモエキコウ）
編集協力　高橋一喜
編集担当　坂口惣一
印刷・製本　大日本印刷株式会社

落丁本、乱丁本は小社営業部にてお取り替えいたします。定価はカバーに記載されております。本書の内容に関するご質問等は、小社学芸書籍編集部まで必ず書面にてご連絡いただきますようお願いいたします。

©Makoto Mogi 2017 Printed in Japan
ISBN 978-4-7973-9165-7